KB038060

빈자의 미학

Beauty of Poverty

승효상

빈자의 미학

Beauty of Poverty
Seung H-Sang

미건사

Beauty of Poverty
Here, it is more important
to use than to have
to share than to add
to empty than to fill

빈자의 미학, 여기에선
가짐보다는 쓰임이 중요하고
더함보다는 나눔이 중요하며
채움보다는 비움이 중요하다

돌마루 공소Dolmaru Catholic Church, 충남 당진Dangjin (1994), 승효상 Seung H-Sang

차례 Contents

또 하나의 세기말에 서서 At another Fin de Siècle   10

빈자의 미학 Beauty of Poverty   42

그 몇 가지 단상 Pieces of Thoughts   74

건축가 승효상 Seung H-Sang, Architect | 민현식 Min Hyunsik   100

승효상의 '선언' Manifesto of Seung H-Sang | 박노해 Park Nohae   104

후기 Epilogue | 승효상 Seung H-Sang   112

또 하나의 세기말에 서서

At another Fin de Siècle

우리가 건축이라는 용어를 씀에 있어, 이 땅에 구축되어 있는 모든 건축물을 지칭하지 않는다. 또한 건축가가 설계했다 하여 그것 모두가 다 건축이라고 이야기할 수도 없거니와 오히려 건축가 없는 건축이 더욱 건축적인 예를 그리 어렵지 않게 들 수도 있다. 그렇다면 이 건축물들 가운데서 엄밀한 의미의 건축 범주에 들어가게 하는 판단 기준, 즉 건축적 요선은 무엇일까.

나는 이를 위해 세 가지를 들고 싶다.
하나는 그 건축이 수행해야 하는 합목적성이며, 또 하나는 그 건축이 놓이는 땅에 대한 장소성이고, 또 다른 하나는 그 건축이 배경으로 하는 시대성이다.

When we use the word *Architecture*, we do not mean to include all the structures that have been built on our lands. Neither can we claim that just because a building has been designed by an architect that it is architecture, nor is it difficult to discover examples of architecture without architects that are in fact worthier of the name. What then are the criteria, that is, what are the conditions of architecture that delineate the boundaries of its rigorous meaning?

I propose three conditions.
First of all, architecture should be adequate to its purpose. Secondly, architecture must bring a sense of place to the land on which it is placed. Thirdly, architecture must sustain a sense of the era, which is its foundation.

리차드 롱 Richard Long(1945~),
A Line and Tracks in Bolivia(1981)

적절한 기능과 규모의 배분, 이를 뒷받침하는 합리적인 테크놀로지, 그리고 이들을 싸 안는 표정이 그 건축의 성립 목적을 정당히 수행할 때, 이를 합목적적 건축이라고 하며 이것은 인간의 구체적 삶에 근거를 둔다.

우리 인간의 삶은 심층적인 사회적 갈등들과 역사의 진실된 내용으로부터 떨어질 수 없기 때문에, 건축이 문화로서 인간에게 더 나은 삶의 질을 보장하려고 하는 한 그 삶이 지향하는 목적에 적극적으로 부합하여야 한다. 그렇지 못하면 그것은 위장된 세트로서 우리의 삶을 기만하기 쉽다.

집은 집답게, 학교는 학교답게, 교회는 교회답게 서 있을 때 그 건축이 담는 삶은 보다 윤리적이 될 수 있으며, 이는 결국 우리 사회를 건강하게 만들 수 있을 것이다. 이러한 합목적성에의 추구가 가장 바람직한 건축적 가치로 인식되던 때도 있었다.

When use and size is appropriately distributed, when their rational technological support and their enclosing expression is adequate to the raison d'etre of the building, we may call this a propitious architecture, an architecture based on concrete human life.

Our lives are inseparable from the deep contradictions of society and the truths of history. Therefore, insofar as architecture as a culture hopes to secure a better quality of life for human civilization, it must be in positive accord with the goals that life strives to fulfill. When it cannot, that architecture is most likely a fraudulent stage set that deceives life.

When a house is like a house, a school like a school, a church like a church, the life that the architecture contains will be more ethical, and consequently, society will be the healthier for it. There was a time when such propriety was the most sought after value in architecture.

서울 고지도

18세기경에 제작된 서울의 고지도들을 보면
산하의 아름다움과 그 속에서 경영한
도시와의 조화가 사뭇 눈에 띈다.

Old map of Seoul

Quite apparent in the 18th century maps of Seoul are
the beauty of mountains and rivers, and the harmonious
relationship the city maintained with them.

세상에 하나밖에 없는 토지를 점거해야 하는 건축은, 그 장소가 요구하는 특수한 조건들을 맞추어줘야 한다. 기후와 지리 등의 자연적 조건뿐 아니라 우리의 삶이 일궈낸 인문사회적 환경 속에서 조화롭게 자리잡고 알맞은 옷을 입을 때, 이는 그 장소에 적확한 건축이 된다.

서울 시내의 피라미드가 우습게 보이듯이, 파리에 짓는 한국 집은 전시 대상은 될지 몰라도 그곳에서의 삶과는 한참 거리가 있다.

토지는 그 규모에 관계없이 우리 인간의 삶 이전에 태어나 있었으며, 그 이후로 영겁의 세월을 지내어와 있다. 그 세월 속에서 수없는 사연들이 담기고 또 지워졌을 것이며, 그러한 흔적의 축적은 형언키 어려우리만큼 엄청난 양으로 그 속에 용해되어 있을 것이다.

토지의 위치가 어느 곳에 있든 토지는 고유하며, 그 고유성으로 인해 그 가치는 그것의 중요도에서 비교 평가되거나 절하되어질 수 없다.

Occupying a unique piece of land, architecture must respond to the particular conditions of the place. When a building is harmoniously set and appropriately clad, not only in its natural conditions - such as climate and geography - but also in a socio-cultural environment cultivated by our life experiences, this is when architecture becomes adequate to its place.

As much as an Egyptian pyramid looks ridiculous in downtown Seoul, a traditional Korean house placed in Paris, perhaps qualified as an object of exhibition, is alien to Parisian life.

Irrespective of its size, land was created before human life, and an eternity has since passed by. During this time, countless stories have been told and erased. Dissolved in the land are the traces of this accumulation, too vast to explain in words. No matter where the land is located, it is unique, and because of this uniqueness its value cannot be depreciated by a relative appraisal of its worth.

마포나루의 옛 풍경

인공은 자연 속에서 또 다른 자연이 되어 있다.

Old landscape of Mapo

Artifice is here another nature within nature.

따라서 장소성의 회복은 건축가로서 지켜야 할 토지에 대한 신성한 의무가 된다. 토지 속에 담긴 흔적을 발견해내는 것, 그리고 이들과의 관계를 규명하는 것, 또한 그 속에서 새로운 질서를 창조하는 것. 이러한 것들이 침묵하는 토지로 하여금 말하게 하고 토지에 생명을 갖게 하며, 이에 비로소 그 장소성은 회복된다.

이 합목적성과 장소성은 건축의 개별 성격에 따라 달라질 것이며, 한 건축가의 작업이라 하더라도 그 양상은 서로 다를 수 있다.

어느 한 건축가의 작업을 이러한 합목적과 장소와 관계없이 일관짓게 하는 것은 그 건축가가 가진 역사의식에서 비롯된 작의이다. 따라서 건축가의 항상성恒常性이라고 일컫는, 시대를 관조한 작의가 투영된 건축의 사상적 배경, 이를 건축의 시대성이라 하자.

Hence the recuperation of place is a venerable responsibility to the land that the architect must bear. To discover the traces lying within the land, to define their relation, and to create a new order within: these are what make the silent land speak and gain life. Only thus will it recuperate its sense of place.

Purposefulness and sense of place change according to the individual character of the architecture and will differ even among the works of the same architect.

But it is creative intention grounded on the architect's historical consciousness that makes the architect's work consistent irrespective of purposefulness and place. The intellectual ground of an architecture, injected with a creative intention that contemplates its era - what we regard as an architect's consistency - let us call this architecture's sense of the era.

르 또로네 수도원(1176)

르 꼬르뷔제는 이 건축을 두고 어떤 것도
덧대어질 수 없으며 "미숙한 콘크리트" 시대에
만나는 "진실의 건축"이라고 말했다.
이 진실의 건축과의 엄청난 조우를 기뻐하고
즐기자고 한 거장의 건축가는 분명 큰 충격을
받았으나 오히려 이를 체화하고 극기하여
라 뚜레뜨라는 불세출의 걸작을 만들어 내었다.

Le Thoronet Abbey(1176)

Le Corbusier said that nothing could be added to
this structure and called it an "architecture of truth"
in the days of "crude concrete".
In this encounter with the architecture of truth,
the master architect told us to rejoice.
Although he was undoubtly shaken,
by internalizing and overcoming this experience
he was able to create an unprecedented
masterpiece called *La Torette*.

'건축은 시대의 거울'이라는 말은 소극적이고 수동적으로 그 시대의 모습만 비추는 거울이 아니라, 적극적이고 능동적으로 시대가 지녀야 할 덕목을 당연히 내 비추어야 하는 거울이라는 것인데, 이를 위해서는 마땅히 우리 시대에 어떠한 형식의 건축이 존재해야 하는가에 대한 깊은 사려가 필요하다.

시대성에 대한 문제는 그 문제의식의 농도가 짙을수록 그 건축을 의미로운 것으로 만들며 생명력 있는 존재로 인식하게 한다. 또한 건축가의 그 시대에 대한 물음은 바로 자기 자신에 대한 물음이며 자기 존재에 대한 확인이 된다.

이 '시대성' – 시대에 대한 믿음은 과거의 역사를 변증법적으로 인식하는 방법으로 획득되는 것이 타당한데, 이는 건축이 현재의 문제된 사실을 해소하기 위함은 물론 미래에의 비전을 제시해야 할 직능적 의무가 있기 때문이다.

"Architecture is the mirror of its times": this does not mean that this mirror is merely a passive and timid reflector of the reality of the era, but that it is an active and positive illuminator of the virtues it should sustain. And for this to be so, we need to think deeply about the way architecture must rightfully exist in our age.

The more intense the consciousness of its era, the more meaning architecture sustains, and the more it is perceived as a vital thing. The architect's questioning of the era is a questioning of one's self and a confirmation of one's existence.

This sense of the era, the conviction toward one's epoch should be properly acquired through a dialectical perception of past history. This is because it is the architect's professional responsibility not only to relieve the problems of the present but also to provide a vision for the future.

알베르토 캄포 베자(1946~)의
가르시아 마르코스 주택을 위한 드로잉
자코메티를 사숙하는 듯한 그의 건축 언어는
'빛'과 '공간', 그 속에 구축된 '이상'이며,
그로 인한 '본질적 건축'이다.
그 역시 작고 적은 것을 통해 더욱
크고 많은 서정을 불러 일으키려 한다.

Alberto Campo Baeza(1946~),
Drawing for *Garcia Marcos House*
The architectural language of Baeza,
who seems to emulate Giacometti,
are 'light', 'space', the 'idea' they contain,
and the resulting 'architecture of essence'.
Like Giacometti, he evokes
with less and less a much larger lyricism.

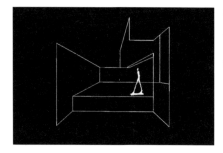

따라서 우리가 어떤 건축을 마주 대할 때, 건축의 본질적 요소에서의 이해만으로는 그 건축의 의미성을 파악하지 못한다. 그 건축이 배경으로 하는 사회적·역사적 맥락에서의 접근, 그 건축을 만든 이들의 역사의식과 시대성에의 믿음에 대한 이해가 우리로 하여금 그 건축에 정확히 접근하게 할 것이다.

이러한 면에서, 어떤 건축을 아무리 분석하고 종합하여 과학적으로 평가하여도 그 공간을 메우고 있는 건축가의 정신을 목도하지 않으면, 혹은 그에 심정적 동의조차 하지 못하면 괜한 껍데기만 부여잡을 수밖에 없는 때가 왕왕 있다. 나는 이에 대해 몇 가지 중요한 경험을 되살리며 몇 가지 의문을 적어 나간다.

Therefore, when we come upon a work of architecture, its meaning cannot be grasped by a mere understanding of its basic elements. When we understand the social and historical basis of architecture, when we understand the architect's historical consciousness and conviction towards the era, only then can we approach the work with precision.

Therefore, no matter how much analysis, synthesis, and scientific evaluation we bring to architecture, if we cannot see the architect's spirit that fills the space, or if we cannot sympathize with it, we often end up clinging to an irrelevant husk. As I recount some of my own essential encounters, I shall list several questions concerning this matter.

르 꼬르뷔제(1887~1965)의
라 뚜레뜨 수도원(1959) 2층 예배실
프랑스 리용에 만들어진 이 공간을 우리가 어느 곳에
재현시켜 소박한 재료로 된 내부의 엄정한 공간에
오묘한 빛을 집어 넣는다고 해서- 소위 분석으로
이루어진 결과로 다시 종합한다 하더라도-
이루 말할 수 없는 이런 감동을 주는 침묵의 공간을
만들 수 없을 것임을 굳게 확신한다.
이는 꼬르뷔제의 혼을 가져오지 않는 이상
불가능하기 때문이다.

Le Corbusier(1887~1965),
La Tourette Monastery(1959) Chapel on second floor
If we were to reproduce this space in Lyons, France
onto any other place: if we were to bring an enigmatic light
into a disciplined space of humble material,
that is if we were to reconstruct such a space
as a product of so-called analysis, I have little doubt
that it would be impossible to recreate this silent space
that touches the heart. It would be impossible
unless we were to bring back the soul of the architect.

내가 건축에 입문할 무렵부터 교과서처럼 여겼던 '라 뚜레뜨 수도원 성당'을 지난 1991년에야 비로소 가볼 수 있었다. 그 성당 공간을 가득 채우고 있던 꼬르뷔제의 건축 정신은 미궁에 빠져있던 나의 정신을 불현듯 깨쳤는데, 그 당시 스스로에 대해 한없이 반문하던 나에게는 어쩌지 못하는 놀라움이었다.

라 뚜레뜨 성당의 건축에 관해 내가 알고 있던 것은 물리적 사실에 근거한 참으로 피상적인 것이었으며, 그러한 것들은 한낱 그 건축을 구성하는 원칙과 요소는 될지 몰라도 본질은 아니며, 그 건축을 확신하는 데는 꼬르뷔제의 농밀한 건축혼을 붙들지 않고서는 모두가 부질없음을 알게 되었다. 나는 심각한 상태에 빠져들었다. 그의 건축혼은 무엇일까.

In 1991, I finally had the chance to visit *La Tourette*. From the beginning of my architectural studies, it had been my text book. Le Corbusier's architectural spirit filled the space of the church, had suddenly. My mind, which had been so lost in a labyrinth, was suddenly awakened. At a time of endless self-doubt, an irresistable sense of wonder took hold of me.

What I had previously known about the architecture of this church were mere superficialities based on physical facts. Though they may constitute the principles and elements of the building, they were not its essence. I realized that to believe in this architecture, I had to grasp Le Corbusier's dense architectural spirit; if not, all would be futile. I fell into a serious quandary. What was his architectural spirit?

주세페 테라니(1904~1943)가 설계한
카사 델 파시오(1936)
비극적으로 건축가의 삶을 마친 테라니는
이태리 합리주의를 이끈 7인의
젊은 건축가 중의 한 사람이었다.
33.2미터의 정방형 평면과 그 길이의 반인
16.6미터 높이의 정제된 볼륨과 비대칭의
절제된 입면구성으로 된 이 건축은
코모의 상징인 코모 대성당과 강한 축을 이루며
그 축을 내부 공간으로 끌어들여 대립시킨다.

Giuseppe Terragni(1904~1943),
Casa del Fascio(1936)
Terragni, who met a tragic end as an architect,
was one of seven young architects
who led the Italian Rationalists.
The *Casa del Fascio* has a square plan
with an equal length and width of 33.2m.
Its height is 16.6m, half the length of the plan.
Its crystallized volume and asymmetrical
restrained facade forms a striking axis with
the Como Cathedral, the symbol of the city.
It brings this axis into its interior space
and thus creates a confrontation.

이태리 코모에 들어서 있는 주세페 테라니의 '카사 델 파시오'가 보여주는 시대정신 – 역사의 강요된 멍에를 뒤집어쓴 그 도시에 새로운 시대의 비전을 심어준 테라니의 빛나는 혜안은, 오늘날 박제된 시대의 건축 어휘가 명멸하는 도시에 살고 있는 우리에게 던지는 메시지로서 시사하는 바가 자못 큰 것이었다. 그로 하여금, 그 흑색의 도시에 백색의 격자를 세우게 한 그의 믿음은 어디에서 비롯되었을까.

20세기의 새로운 시대에 새로운 정신을 대두케 한 아돌프 로스의 신념에 대해 이야기하자. 허황된 장식과 위선의 형태로 뒤덮인 빈의 도시를 통박하며, 문화의식이 중심을 잃고 흔들리던 위기의 시대를 구하고자 새로운 이념의 푯대를 세운 그의 건축은 그 자체가 철학이었다.

The spirit of the age in Guiseppe Terragni's *Casa del Fascio* in Como: in a city bound by the yoke of history, Terragani presented a vision of the new age. In today's fossilized era, in cities where architectural styles rise and fall, the message of his shining wisdom of the times continues to have profound resonance. What made him build a white grid in this black city? Where does such conviction come from?

Let us speak of Adolf Loos conviction, that which paved the way for a new spirit in the new era of the twentieth century. Aimed against the vacuous decoration and hypocritical forms that overwhelmed the city of Vienna, Loos' architecture - itself a philosophy - erected a new ideological signpost. His architecture would thus save the cultural consciousness of the era from a crisis that has left it lost and shaken.

아돌프 로스(1870~1933)가 오스트리아 빈 시민 사이에
격심한 논쟁을 불러 일으킨 자신의 디자인 로스하우스(1910)에
대해 스스로 설명하고자 심포지움을 연다는 포스터
빈의 역사적으로 중요한 지역성을 갖는
미하엘 광장에 세워진 이 건축은 무 장식의 표정으로
주변의 과다 장식의 건축에 대항하고 있다.
그는 1908년 '장식과 죄악'이라는 논문을 통해
무의미한 장식을 통박하면서, 당시 새로운 예술 이념을
주도해 나가던 오토 바그너를 중심으로 한
세제션 파에 대해서도 그 위선적 경향을 질타하였다.

Adolf Loos(1870~1933), Poster for the symposium
to explain design of his *Loos haus*(1910)
that raised heated criticism from the Viennese
This building, erected in Michaeler Platz,
a place of great historical importance in Vienna,
stands without ornament against the
neighboring buildings of excessive decoration.
In the 1908 essay "Ornament and Crime",
he attacked meaningless decoration.
He assailed the hypocritical stance of
the Secession led by Otto Wagner.

새로운 시대를 탄생케 하였던 일이 저 건너 저네들의 옛일일 수만 있는 것인가.

우리의 땅, 우리의 시대에 서 있는 건축은 어떠한가.

우리는 어떤 정신으로 우리의 건축을 지탱하고 있을까.

반만년의 유구한 역사와 지금에 기록되는 우리 삶의 모습 사이에 어쩔 수 없이 인정해야 하는 그 넓고 깊은 간극과, 우리가 물려받은 아름다운 금수강산과 그것을 철저히 유린하는 집짓기를 계속하는 이 시대의 이 저열한 정신은 과연 무엇 때문인가.

But the task of bringing to birth a new age cannot be the sole province of those far away and long ago.

What of the architecture that stands on our land and in our times?

What spirit sustains our own architecture?

A 5000-year history and the life that we record are separated by an undeniably wide and deep abyss. The lowly mind of these times persists in building houses that thoroughly violate the beautiful land and waters that we have inherited. How have we come to this?

성수대교 붕괴

1994년 10월 21일 서울의 한강을 가로지르는
중요한 다리가 갑자기 붕괴되었다.
많은 죽음을 가져온 이 사고는
단순한 다리의 부실에 의한 붕괴가 아니다.
고도 경제성장만을 추구해온 현대 한국의
논리의 붕괴이며 사회의 붕괴일 것이다.

Fall of Sungsoo Grand Bridge

On October 21, 1994, a major bridge crossing
the Han River in Seoul suddenly collapsed.
This disaster that brought on many deaths was
not simply a collapse caused by faulty construction.
It was the collapse of society, the collapse of
the logic of a modern Korea in singleminded
pursuit of economic growth.

20세기의 벼랑 끝에 서 있는 지금의 도시와 농촌의 풍경은 도무지 반만년 역사를 가진 도시와 농촌이라고 보기에는 그 형태가 천부당 만부당하며, 도대체 그 흔적조차 찾기가 쉽지 않다.

또한 작금에 빈번히 일어나는 이 사회의 붕괴 현상은 역사가 오래된 도시에서는 상상조차 할 수 없는 일이며, 이를 통해 우리는 어쩔 수 없이 급조된 사회에 살고 있음을 직시하고 있다.

물론 우리는 일제의 뼈아픈 수탈을 견뎌야 했고, 전쟁이 우리의 삶터를 짓이겨 놓았던 비극적 근대사를 갖게 된 바가 그 이유의 한 부분일 수도 있다. 그러나 그때만 해도, 비록 못 살았어도 우리는 우리의 정서를 잊고 있지는 않았을 게다. 그리고 잘만 했으면, 우리는 우리의 애틋한 서정을 바탕으로 새로운 현대사를, 훌륭한 현대문화사를, 격조 있는 현대건축 환경을 가질 수 있었을 것이다.

Standing at the precipice of the twentieth century, it is inconceivable that the totally corrupt forms of the present landscape of our towns and provinces are those that sustain a legacy of a 5000-year history. Not a trace of this history can be found.

The breakdown of society that we so often witness should not even be imaginable in a city with such a long history. We must face the reality that we are living in a makeshift society.

It is a fact that we had to endure the tortuous exploitation of the Colonial Japanese, and that our homes were left in shambles by the catastrophe of the Korean War. This tragic modern history may be part of the cause. Yet even in those difficult times, even though we were poor, we did not loose hold of our feelings. Had fate been on our side, this melancholic pathos could have provided the basis of a new modern history, of a splendid modern culture, and of a noble modern architecture.

옛 당인리 철길 위에 선 무허가 불량 건축
이러한 삶의 흔적이 그 역사를 편린이나마
보존하여 개발할 수 있는 지혜를 살리지 아니하는 한,
이 풍경은 보존되어야 마땅하지 않을까.

Illegal constructions on Dangin-ri's abandoned railroad
If we have yet the wisdom to develop while retaining
these vestiges of life as history in fragments,
shouldn't we at least preserve such landscape?

그러나 60년대에 들어서 우리 강토에 휘몰아친 '잘 살아보세'라는 편향된 가치 추구가, 왜 잘 살아야 되는지에 대한 분별력 없는 구호가 파행적 정치 모습인 군사독재로 이어지면서, 우리는 너도나도 졸부의 꿈을 이루려 염치도 버리고 정서도 버리고 문화도 버리고 오늘날의 국적도 정체성도 없는 도시와 건축을 만들어내었다.

그 결과 우리의 삶은 뭉뚱그려진 전체 속에서 박제된 껍데기를 가지고 서로의 영역만을 빼앗기지 않으려 하는 허무의 모습으로 이 시대를 지탱하고 있다.

이것은 이 시대의 위기이며 우리의 미래에 대한 위협이다.

But into the 1960s, single-minded slogans of economic development swept up our land. These simplistic slogans, with no idea as to why we had to pursue wealth, were linked to a corrupt political system that bred a succession of dictators. And in the pursuit of easy wealth, we threw away our decency, our feelings, and our culture. We have built cities and buildings that have no name or identity.

As a result, our life has become a cynical farce, an undistinguishable whole in which each and everyone, huddled in their own fossilized shell, defend their own territory. Such is the figure of futility that the present era leans upon.

This is the crisis of our time and the threat to our future.

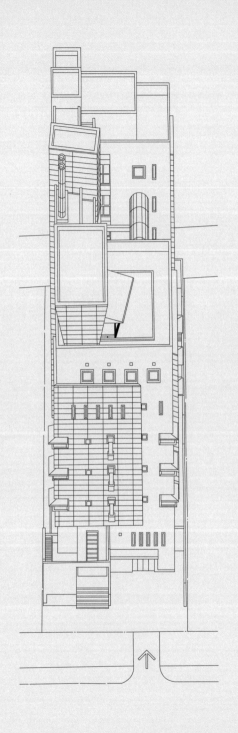

1991/1993 영동제일병원 Youngdong Jeil Women's Hospital, Seoul

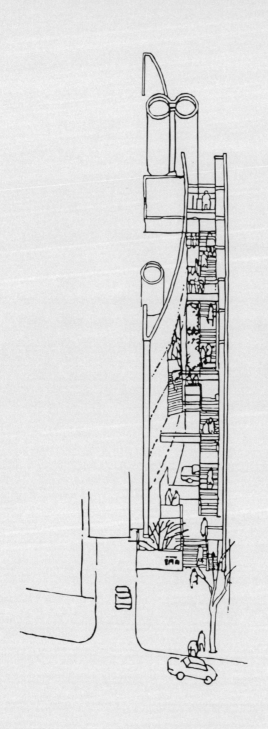

1992/1993 이문 291 E-Mun 291, Dental Clinic, Seoul

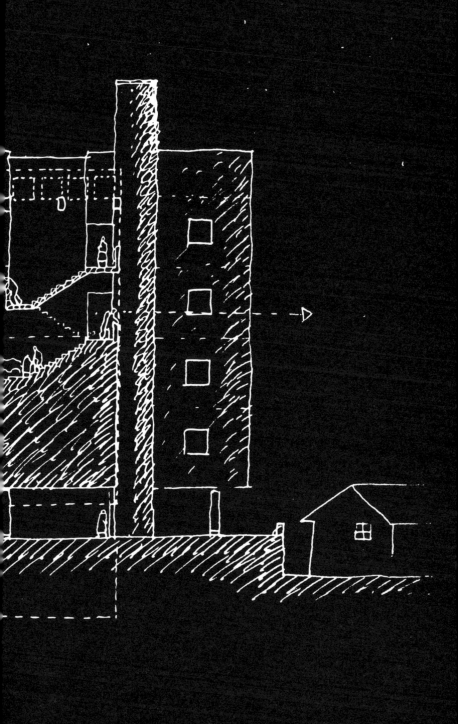

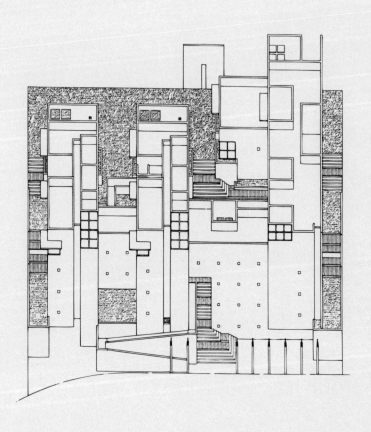

1992 분당 연립주택 '공생' Bundang Housing Complex *Condominium*

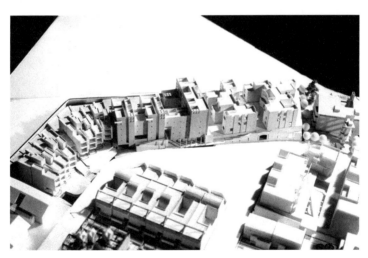

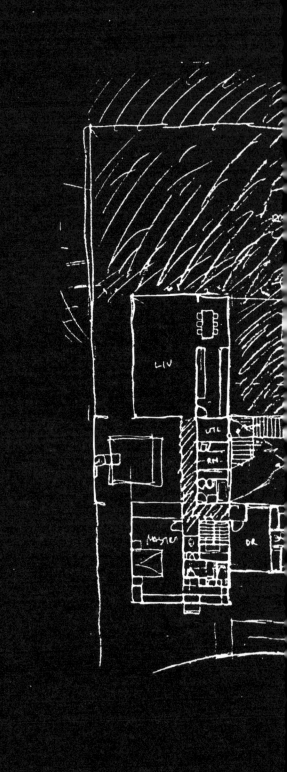

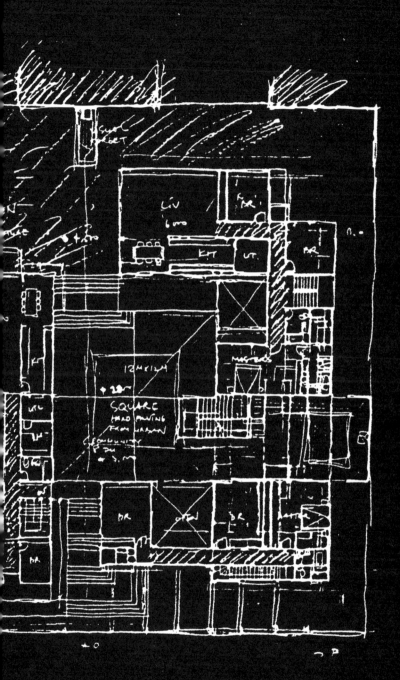

빈자의 미학

Beauty of Poverty

......

파수꾼이여, 밤이 어떻게 되었느뇨?
파수꾼이여, 밤이 어떻게 되었느뇨?
파수꾼이 가로되,
아침이 오나니
밤도 오리라
네가 물으려거든 물으라
너희는 돌아올지니이다
(이사야서 21:11-12)

......

"Watchman, what is left of the night?"
"Watchman, what is left of the night?"
 The watchman replies,
"Morning is coming,
 but also the night.
 If you would ask, then ask;
 and come back yet again."
(Isaiah 21:11-12)

요제프 마리아 올브리히(1867~1908)의
세제션관(1898), 오스트리아 빈
아돌프 로스가 분리파주의자들의
미의식에 대해 비난했다 하더라도
이들의 새로운 시대에 대한 의식의 발견은
중요한 가치를 지님을 부인할 수 없다.
이 세제션관 입구 위에 새겨진 명귀
"그 시대에는 그 시대의 예술을,
그 예술에는 그에 맞는 자유를"은
그들의 시대정신이었으며, 그 정신은 근대를
여는 실마리가 되었음 또한 인정해야 한다.

Joseph Maria Olbrich(1867~1908),
Secession Building(1898)
Despite Adolf Loos' criticism of the aestheticism
of the Secessionists, we cannot deny the value of
their consciousness of the new age.
The great inscription on top of the entrance to
the Secession Building - "Der Zeit Ihre Kunst,
Der Kunst Ihre Freiheit" - was their spirit of the age,
 and we must acknowledge that this spirit
was the key to the beginning of modernity.

어떤 잘 조직된 사회에는 그 사회를 지탱하는 그 시대의 정신이 있기 마련이며, '시대정신'이란 그 사회의 문화 창조를 주도하는 이념을 가리킨다. 이 이념이 느슨해지고 중심은 상실되어 설명하기 어려운 파편적 현상만이 만연할 때 그 시대의 그 사회는 세기말을 맞는다.

지금까지도 일본을 지탱케 하는 무사도, 미국을 만든 청교도정신, 영국과 동의어 개념이 된 신사도 혹은 중세의 기사도 등, 무릇 그 시대가 최고의 가치로 치는 이념 아래서 그들은 자신들의 독특한 문화를 일구며 전통과 삶의 방식을 오늘날까지 전해왔다. 그런데 조선 오백 년을 버티게 한 우리의 선비정신은 불행히도 지금 우리에게 전해져 있지 않다.

In a well organized society, there is a sustaining spirit of the age. This spirit is the idea that takes hold of the cultural creation of that society. When this idea becomes lax and looses its center, when fragmentary things inexplicably dominate the landscape, that is the fin de siècle of that society and that era.

The *Bushido* that still sustains Japan, the Puritanism that founded America, the values of the gentlemen and the Medieval Chivalry that has become synonymous with England: under the purveyance of the ideas that were of highest value to its age, they nurtured their own particular culture and sustained their tradition and way of life till this very day. Regretfully, the spirit of the literati that had sustained the *Joseon* era for five-hundred years is not with us today.

1992년 '공간학생건축상' 대상 수상작품
'Silence & Chitchat' (김혜경)
쓰레기 같은 도시건축이 날름거리는
졸부들의 거리에 침묵의 벽을 세우고
그 속에 맑고 밝은 공간을 채운 이 작품을
두고 어떻게 자폐적이라고 할 수 있을까.
이것은 의미 있는 침묵이다.

First-prize winner of 1992
Space Magazine Student Competition,
Silence & Chitchat (by Kim Haekyung)
Who could call this work an autistic retreat
when pure and clear space is contained inside
walls of silence, walls erected in the grimy
haphazard cityscape of the nouveau riche?
This is meaningful silence.

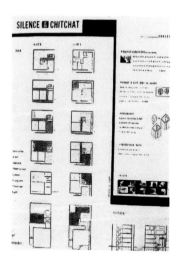

1992년 '공간학생건축상'의 주제는 '우리의 시대정신을 조명한 소규모 도시건축'이었다. 그 출제와 심사를 담당한 나는 많은 출품작 가운데서 한 학생의 작품을 발견하고 나의 오래된 질문에 다시 빠질 수 있었다.

침묵의 메타포로 가득 차 있던 그 학생의 작품을 읽으며, 나는 막스 피카르트의 말을 기억해냈다.

"살아있는 침묵을 가지지 못한 도시는 몰락을 통해 침묵을 찾는다."

자폐적일 정도의 무표정으로 거리의 아우성에 대항한 침묵의 벽, 그 벽이 침묵으로 서 있는 한 그 거리는 몰락하지 않을 것이라는 확신을 가질 수 있었다.

The theme for the 1992 Space Magazine Student Competition was "A Small Urban Structure that Reflects on the Spirit of the Times." Responsible for setting the theme and judging the competition, one of the many entries bade me to re-immerse myself in an age-old question.

The panel was filled with metaphors of silence, and as I read the student's work, I remembered the words of Max Picard:

"A city that does not have living silence finds silence through decadence."

The silent wall, wrapping the intricate interior with an autistic absence of expression, stands against the din of the streets. I could maintain the conviction that as long as it stands in silence in the city, that city will not fall apart.

알베르토 자코메티(1901~1966)가 디자인한 사무엘 베케트의
〈고도를 기다리며〉의 1961년 파리 오데옹 극장 무대장치
자코메티는 훗날 이 무대를 회상하며 이렇게 얘기했다.
"그것은 한 그루 나무라거나, 나무와 달이라고 여겨졌다.
우리는 밤새도록 그 나무를 가지고 조금 더 크게
만들기도 하고 조금 더 작게 만들기도 하고
혹은 그 가지를 더욱 가냘프게 만들기도 하였다.
그리고 우리 둘은 서로에게 말했다. '글쎄….'"

Alberto Giacometti(1901~1966), Stage set design for
Samuel Beckett's *Waiting for Godot*, Odeon Theater, 1961
Giacometti later recalled: "It was supposed to be a tree,
a tree and a moon. We experimented the whole night long
with that plaster tree, making it bigger, making it smaller,
making the branches finer. It never seemed right to us.
And each of us said to the other: maybe."
(*DIALOGUE IN THE VOID : Beckett & Giacometti,* Matti Megged, 1985)

그 학생이 인용한 사무엘 베케트의 대사—"말하기를 원치 않는다는 것, 네가 무엇을 말하기를 원하는지 알지 못한다는 것, 네가 무언가 말하려 생각함을 말할 수 없다는 것, 그러고도 말하기를 그칠 수 없다는 것 혹은 더욱 더 힘들게도 그 일을 마음속에 간직할 수 없다는 것…."(『Molloy』, 1955)—를 읽으며 자코메티가 디자인한 베케트의 희곡〈고도를 기다리며〉의 무대 장치를 떠올렸다.

앙상한 한 그루의 나무와 어스름한 달빛…. 1961년 파리 오데옹 극장에서 막을 올린 이 연극무대는 비록 그 내용이 베케트의 희곡을 압축하여 시사했다 하더라도, 그것은 자코메티와 동일선상에 있는 정신세계였을 것이고 바로 그의 삶에 대한 긴장임에 틀림없을 것이다.

As I read his quotation from Samuel Beckett - "Not wanting to speak, not knowing that you want to speak something, being unable to say that you are thinking to say something, and still not being able to stop speaking, or more frustrating, not being able to keep them in mind."(*Molloy*, 1955) - I was reminded of Giacometti's design for the stage set of *Waiting for Godot*.

A single gaunt tree, pale moonlight…. It is 1961, and the stage for *Waiting for Godot* is set up at the Odeon Theater in Paris. Though this stage was designed to condense the story of the play, it was a spiritual world that existed on the same plane as Giacometti's life. No doubt it was the tension of his life.

자코메티의 '걷는 사람 II' (1960)

분명한 형상의 이미지를 가지지 않은 채
무작정 흙을 떼어내는 그의 작업을 두고
이렇게 이야기한다. "참으로 힘에 차 있음으로
가시적인 세계를 덮어버리거나,
얼어붙게 하거나, 기이한 침묵으로 던져버린다.
혹은 너무도 깊어서 말과 소리로 깨뜨릴 수도
없거니와 사물을 보는 방법조차 바꿔버린다."

Giacometti, *L'Homme Qui Marche II*
***(The Walking Man 2)*(1960)**

Without a clear image of his figures,
he works by removing pieces of clay.
It has been said that his work is "Genuinely full of power,
his work overshadows the visible word, freezes them,
or throws them into peculiar silence. Or it is so profound
that it could not be broken with words or sound,
till it finally changes the way things are viewed."
(*GIACOMETTI,* Charles Juliet, 1986)

자코메티의 조각은 참으로 가늘고 길며 유약한 구조를 지니고 있음에도, 가슴 조이는 긴장과 엄청난 힘을 느끼게 한다. 그 빈곤하기 짝이 없는 몰골의 조상彫像은 어떻게 그러한 힘을 느끼게 하는가. 그리고 그것이 왜 나에겐 그토록 아름답게 느껴지는가.

나는 이와 유사한 아름다움을 추사 김정희의 글씨에서도 느낀다.

추사의 글씨는 한 자 한 자가 결코 아름답다고 얘기할 수 없으나 그 글자들이 모여서 이루는 글의 아름다움은 여느 글씨와 비할 수 없다.

김정희는 어릴 적부터 신동으로 중국에까지 그 학문과 서예의 빼어난 기량을 인구에 회자시켰으며, 추사체를 만들기 전의 글씨 또한 한 자 한 자가 훌륭한 비례감과 교본적인 양감을 갖고 있었다.

Giacometti's sculptures have such a thin and fragile structure, yet they wield a heart-wrenching tension and enormous power over us. How is it that we feel such immense power in these thoroughly emaciated skeletal figures? And why are they so beautiful to me?

I sense a similar beauty in the calligraphy of *Chusa*.

One cannot say that each letter in *Chusa*'s calligraphy is beautiful, but when these letters come together, the whole is of incomparable beauty.

Kim Jeonghee, even before the creation of his *Chusa* Style, was a prodigy famous for his learning and great talent in calligraphy. He was the talk of the people even in the far reaches of China. Each and every letter in Kim Jeonghee's writing had an admirable proportion and a text-book volume.

추사秋史 김정희(1786~1856)

55세가 되던 해에 멀고 먼 제주도로
유배길을 떠난 추사에게 지나온 삶은
행복이었을까 절망이었을까.
아니면 절해고도에서의 고독이
체념이었을까 새로움이었을까.
추사체의 미학에 대한 논의 이전에
그의 삶의 반전적 드라마는
무한한 감동을 던져준다.

Chusa Kim Jeonghee (1786~1856)

At the age of 55, *Chusa* was exiled to
the far island of Jeju. Was the life he had lived
one of happiness or of despair?
Was the solitude in this remote isle
a life of resignation or of renewal?
Before we speak of the aesthetic of the
Chusa Style of calligraphy, we are touched by
the dramatic turn of events in his life.

그러나 제주도 유배 8년의 생활은, 부귀와 영화가 보장해주었던 그의 빼어난 글씨를 끝내는 지우게 하였다. 유배지의 처절한 고독에서 발견한 스스로에의 의식이 그의 맑은 혼으로 새로이 글씨를 쓰게 하였고, 추사체는 드디어 독보적 경지를 내보이며 탄생한다.

그 글씨는 극도의 긴장이 자간을 넘나들며 공간을 지배하고, 송곳으로 친 듯한 한 획마다에 파열할 듯한 힘이 솟구침을 느끼게 된다.

우리는 왜 이것을 아름답다고 하는가? 누군가 이념의 미학이라고 이야기한다. 그러하다. 이것은 그의 의지의 진실됨이며 정신의 아름다움일 것이다. 이 정신은 공허에 대한 침묵이며, 절제이며, 또한 진정한 언어이다.

However, his 8-years of exile erased the calligraphic excellence previously guaranteed by wealth and fame. Borne from the self-consciousness that he discovered in his harsh solitude, his new letters were drawn from a clear soul. And thus the incomparable attainment that is the *Chusa* Style was born.

An extreme tension moves back and forth between its letters. It dominates the space. Each brush stroke is the strike of a dagger, a rupturing power rising up in each stroke.

Why do we consider this to be beautiful? Some have said that this is an aesthetics of ideology. Yes, that is so. It is the truth of his will, and the beauty of the spirit. This spirit is a silence towards emptiness; it is self-restraint and pure language.

루이스 바라간(1902~1988)의
쿠아드라 산 크리스토발(1968), 로스 끌루베스, 멕시코 교외
바라간은 1980년, 프리츠커상의 수상연설에서
자신의 건축에 대한 몇 가지 키워드를 얘기했다.
종교와 신화, 아름다움, 침묵, 고독, 평온, 기쁨, 죽음….
그의 건축에 나타난 벽면은 이러한 것들을 한정하기
위한 것일 뿐, 그 자체는 별 의미로운 것이 아니다.

Luis Barragán(1902~1988),
Cuadra San Cristóbal(1968), Los Clubes, Mexico
In his acceptance speech for the 1980 Pritzker Prize
Barragan presented several keywords to his architecture:
religion and myth, beauty, silence, solitude, peace,
happiness, death…. The wall in his architecture merely
delineate such things, and by itself have little meaning.

멕시코의 건축가 루이스 바라간에게 있어, 그가 구축한 벽은 노스탤지어이며 그 벽으로 한정된 공간은 침묵이다.

그가 이야기하길 "고독함과의 친밀한 관계 속에서만 인간은 스스로를 발견한다. 고독은 참 좋은 반려이며 나의 건축은 그것을 두려워하거나 피하는 이에겐 부적절한 것이다."

부유한 집안에서 태어나 남부럽지 않은 교육을 받은 그가 자신의 죽음에까지 가져간 고독, 그리고 그로부터의 침묵은 멕시코의 이글거리는 태양과 거친 평원과 또 자신 스스로와 무슨 관계를 가지고 있었을까.

알바로 시자가 '팔메이라 수영장'에 몇 개의 벽으로 빚은 침묵은 포르투갈의 권태스러움과 어떤 관계를 가지는가. 그것은 대립인가, 그야말로 변용의 한 방식인가.

For the Mexican architect, Luis Barragán, the walls he built were nostalgia and the spaces he framed with these walls were silence.

He has said: "Man finds himself only when in intimate relation with solitude. Solitude is a good companion and my architecture is not suitable for those who are afraid of it or those who avoid it."

Born to a wealthy family and well educated, he took his solitude and the silence that grew from it to his very grave. What did they have to do with the burning sun and rough plains of Mexico?

Alvaro Siza's *Palmeira Pool*. What does the silence shaped by its sparse walls have to do with the tedium of the Portuguese? Is it confrontation? Or is it one form of transformation?

알바로 시자(1933~)의 팔메이라 수영장(1966)
포르투갈은 만성적 빈곤에 싸여 있는
정체된 국가이다. 그들은 영화로운 과거로부터
어쩌면 깊은 침묵 속에 빠져 있는지도 모른다.
시자는 그 빈곤을 리얼리티로 받아들여
스스로의 건축을 통해 변용할 뿐이라고 한다.

Alvaro Siza(1933~), *Palmeira Pool* (1966)
Portugal is a nation in standstill with chronic poverty.
The country seems to have fallen into
deep silence from its glorious past.
Siza accepts this poverty as reality,
and simply appropriates it through his architecture.

젊은 건축가 존 포슨과 클라우디오 실버스트린이 숨어버린 공간은 소위 자초한 빈곤의 표상인가, 아니면 참을 수밖에 없는 존재의 무거움인가. 젊은 그들은 도대체 왜 침묵하는가.

적어도 이들은 건축의 주변을 서성이지 않으며 본질의 문제와 중심에 대한 확신이 그들이 가고자 하는 바요, 또한 이것은 우리의 시야에 쉽게 나타나지 않는다는 것을 충분히 알고 있음이라.

이들이 나타내는 바는 어쩌면 미니멀적 표현의 한 부분으로 느껴질 수도 있다. 미니멀리스트들은 대체로 그들의 드로잉 속에서 자신이 얼마나 의미롭게 농축되어 있는지를 보이려 애쓴다. 그러나 그 농축된 의미는 다분히 개인 속에서만 닫혀 있다. 고도로 농축된 밀도의 정신세계를 최소한의 표현 속에 가두어버리는 그러한 미니멀리스트의 기계음은, 그것으로 한계 지을 수밖에 없는 장르에 갇힌다.

The work of John Pawson and Claudio Silverstrin. Is the space that they hide within a representation of a self-devised poverty, or is it an unbearable heaviness of being? Why on earth do they keep their silence?

At the very least, they do not hang around the fringes. They wish to direct themselves towards the problem of essence and belief in the center, even as they fully understand that they rarely enter into the breadth of our vision.

We may feel their work to be part of a minimalist expression. Minimalists generally try to show how much they have been meaningfully internalized in the drawing. These condensed meanings, however, are quite confined to each individual. Binding the condensed spiritual world in the least of expression, this minimalism is trapped in a genre that unavoidably limits itself to its own mechanical sounds.

피트 몬드리안(1872~1944),
'브로드웨이 부기우기'(1943)
1943년 뉴욕에서 그린 만년의 대표작.

Piet Mondrian(1872~1944),
Broadway Boogie Woogie(1943)
A masterpiece from his later years in New York.

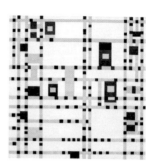

김환기(1913~1974)가 만년에 뉴욕에서 그린
'어디서 무엇이 되어 다시 만나랴'(1970)
그의 초기 작품은 새가 날고, 달무리 지고,
아이가 보이고 하는 그런 서정이었다.
그가 뉴욕이라는 이방의 풍토와
대립하면서 겪어야 했던 고독의 틀이
그를 과거와 절연시켰을까.
그는 자신의 작품 노트에 이렇게 적고 있다.
"아무 생각 없이 그린다. 생각한다면
친구들 그것도 죽어버린 친구들,
또 죽었는지 살았는지 알 수 없는 친구들뿐이다.
서러운 생각으로 그리지만 결과는 아름다운
명랑한 그림이 되기를 바란다…(1972.9.14)"

Kim Whanki(1913~1974)'s
Where, What Have We Become and Met Again(1970)
drawn in the twilight of his life in New York
His early work featured a romanticism of
birds in flight, lunar halos, and little children.
Did the frame of solitude, experienced as
he stood against the alien landscape of New York,
cut him off from his past? He writes in his notebook:
"I paint without thinking. When I do think,
it is of friends, friends who have passed away,
friends whom I don't even know if they're dead or alive.
Though I work with a sorrowful mind,
I long for the painting to be beautiful and cheerful….
(September 14, 1972)"

그러나 우리의 예술가 수화樹話 김환기가 그린 미니멀적 그림 속에는 아득한 옛 서정이 퍼져있고, 이미 그것은 기계음의 한계를 극복해있다.

뉴욕에서 이방인의 삶을 같이 살았던 몬드리안의 눈에 비친 뉴욕의 밤거리 풍경과, 이방인으로서 고독한 삶을 살 수밖에 없었던 수화의 눈에 맺힌 뉴욕의 밤거리 풍경은, 그들의 작품 '브로드웨이 부기우기'와 '어디서 무엇이 되어 다시 만나랴' 만큼 다른 것이다.

몬드리안의 접근이 한계음을 갖는 반면 수화의 그림에는 그가 찍은 무수한 점처럼 그 한계가 없음을 느낀다. 나는 수화의 이 그림에서 현대건축이 봉착한 한계—미로를 빠져나갈 탈출구를 발견하게 되는 것이다.

나는 이를 '빈자의 미학'이라 부르기로 한다.

빈자의 미학. 여기에선 가짐보다 쓰임이 더 중요하고, 더함보다는 나눔이 더 중요하며, 채움보다는 비움이 더욱 중요하다.

However, in the minimalistic paintings of our Korean painter, *Suhwa* Kim Whanki, an ancient lyricism flows throughout, having already gone beyond the limits of mechanical sound. Not unlike Mondrian, he lived as an outsider in New York. However, *Suhwa's* life of solitude as an alien was such that their view of New York nightlife was as different as Mondrian's *Broadway Boogie Woogie* was different from *Suhwa's Where, What Have We Become and Met Again*.

If there is a critical limit to Mondrian's approach, we feel that there is no boundary to *Suhwa's* endless spots. In *Suhwa's* painting, I have discovered an exit to contemporary architecture's aporia, an escape from the labyrinth.

I shall call this the "beauty of poverty".

Beauty of poverty. Here, it is more important to use than to have, to share than to add, to empty than to fill.

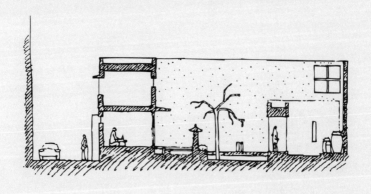

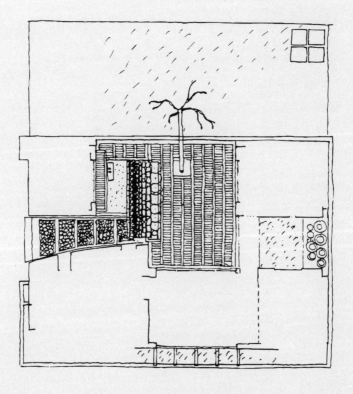

1992/1993 수졸당守拙堂 Residence Sujoldang, Seoul

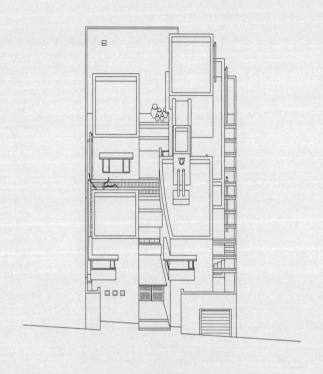

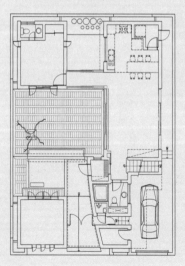

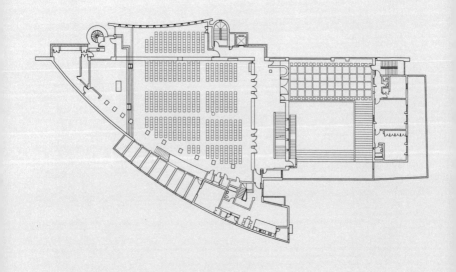

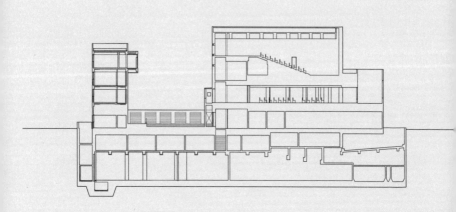

1994 풍납동 성당 Pungnab-dong Catholic Church, Seoul

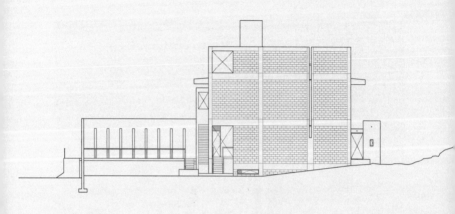

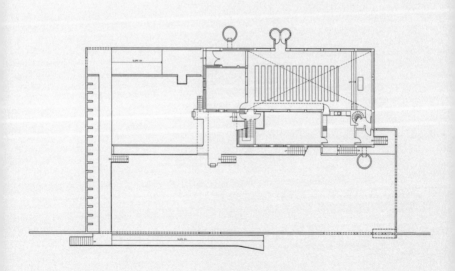

1994/1995 돌마루 공소 Dolmaru Catholic Church, Dangjin

그 몇 가지 단상

Pieces of Thoughts

투시도에서 표현되는 것은 건물의 형태와 배경으로서의 짙푸른 하늘이다. 주변의 정황은 무시되어도 좋으며, 있다 하여도 그것이 나타내고자 하는 대상을 위할 뿐이다. 건물이 높을수록 그리고 위엄이 있을수록, 조소적일수록 그 투시도는 더욱 멋있게 된다.

반면, 조감도에서는 대지 속에 건물의 위치를 그려야 하고 나머지 부분은 도로와 어떤 용도를 그려야 하며, 주변 대지와의 관계를 그리지 않을 수 없고 도로와 만나는 모습을 나타내어야 하며, 그 속에서 사는 방법을 그려야 한다. 높이 올라가면 갈수록 건물의 모습은 보잘 것없이 그려지나 주변과의 관계는 더욱 넓게 표현된다.

투시도의 방식이 전근대적이고 전체주의적이며 독선적이라면, 조감도의 방식은 민주적이며 타협적이다. 투시도는 구호적이고 선동적이나, 조감도는 설명적이고 연역적이다.

In a perspective, we are presented with the form of the building and the background of the blue sky. The surrounding situation can be ignored, and even if it is present, it is only so in the service of the object to be shown. The higher the building, the more grandiose, the more sculptural, that much more fabulous the perspective becomes.

On the other hand, in the bird's-eye view, the building has to be situated in the site; the site has to be defined by its function and by its surrounding road and neighboring site. We have to show how one lives in the building and the site. The farther the viewer goes up, the humbler the building becomes; but the relation with its surroundings gains that much more breadth.

If the perspective is medieval, totalitarian, and unilateral, the bird's-eye view is democratic and tolerant. The perspective is filled with slogans and propaganda, the bird's-eye view is descriptive and deductive.

존 포슨(1949~)의 마요르카 주택을 위한 드로잉
A.A School 출신인 그는 일본에 장기간
머물면서 일본문화에 상당한 영향을 받은 듯하다.
존 포슨의 건축은 극도의 긴장을 유발시키면서
지극히 절제된 표현 형식을 갖는다.
이 드로잉은 그의 건축을 압축적으로 잘 나타내고
있으며, 어떠한 화려한 채색의 투시도보다
작가의 정신세계를 더욱 많이 표현한다.

John Pawson(1949~),
Drawing for Mallorca House
Pawson, an AA School graduate, seems to have been heavily
influenced by Japanese culture during his lengthy stay in Japan.
His architecture generates powerful tension
while showing expressions of extreme restraint.
This drawing expresses his architecture in a condensed form,
and betrays much more of the architect's inner world
than any colorful perspective drawing.

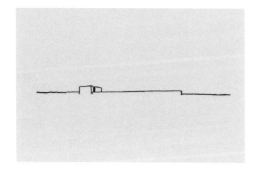

투시도에서 보이는 것은 화려하고 현란한 오브제로서의 건축이며 그 속에서의 삶은 감춰져 있다. 그러나 조감도에서는 삶의 형태를 그려야 화면이 채워지며, 그 삶의 모습이 다양할수록 그 그림은 더욱 아름다워질 수 있다.

그러나 우리의 도시는 거의 다 투시도의 그림으로 채워져 있음을 지적하지 않을 수 없으며, 이러한 거리에서 우리의 삶이 제대로 표현되어 있을 리 만무하다.

사회가 불안정한 격변기에 처해 있거나 독재자가 군림하는 시대에서는, 극단적 감정이입을 목적으로 더욱 환상적인 투시도가 필요하게 된다. 그러한 투시도에서 비롯된 건축은 사실을 은폐시키고 그 속의 삶을 왜곡시켜, 결국은 불구적 형태로 사회를 마비시킨다. 그것은 마약이나 알코올 중독처럼 비윤리적이다.

The perspective shows us the building as an elaborate and fancy object; it hides the life inside. But in the bird's-eye view, for the picture be complete, we must draw in the way people live. When the diversity of life is expressed the picture can be that much more beautiful.

We have to concede that our cities are mostly filled with perspectival images. In these streets, our life cannot be properly expressed.

In an unstable society where change is abrupt, in an age of overbearing dictators, fantastic perspectives are needed to entice excess sympathy. The architecture produced from this perspective hides truths, distorts life, and ultimately paralyses society into an invalid. Like drug and alcohol addiction, it is unethical.

중림동 주택가의 한 골목길
몇 년 전만 해도 이런 친근한 길이
우리의 도시와 건축을 접속시키며
우리의 삶을 열게 하였다.

**An alley of residential section
of Jungrim-dong**
Not so long ago, this kind of intimate alleys
connected our architecture with the city,
opening our lives outward.

도시 속의 건축, 건축 속의 도시

도시가 다양한 삶의 집합체라면, 건축 역시 그 삶의 한 공동체이다. 그 삶이 단속斷續적이지 않은 것과 같이 건축 역시 도시에 대해 닫혀 있지 않아야 한다.

도시와 건축이 서로에 열려있을 때 그 삶의 매트릭스(행렬 또는 망網)는 끊기지 않으며, 가장 작은 유니트(구성 단위)에서 거대한 우주의 넓이로에까지 확장된 삶을 가질 수 있다. 그러한 매트릭스 속에서 주어진 토지가 정의되어야 하며, 그 안에 세워지는 벽들은 삶의 한 과정만을 한정할 뿐이다.

영역의 담을 허는 것, 남겨진 공간을 도시에 내어주는 것, 그 속으로 도시의 길을 연장시키는 것 등등은 그러한 열려진 삶을 이루는 첫 번째 방법이다.

Architecture in the City, the City in Architecture

If the city is a conglomerate of different lives, architecture is also such a community of life. As life is not discontinuous, so architecture is not closed to the city.

When architecture and the city are open to each other, the matrix of life is unsevered, we may possess a life that expands from the smallest unit to the great breadth of the cosmos. Within this matrix, we must define the given land; the walls built within should limit only one aspect of this life.

To pull down the walls of segregation, to give remaining space back to the city, to extend the street into the city - such are the first inroads to an open life.

금호동 달동네
없음으로 나눠 쓸 수밖에 없는
이 가난한 사람들의 삶에서
우리가 얻을 수 있는 삶의 교훈,
건축적 교훈은 너무도 많다.

Daldongnae (hillside villages) of Geumho-dong
From the lives of the poor whose
material deficiency led them to a culture of sharing,
there are so many things we could learn
for life and for architecture.

반기능

우리가 지난 몇십 년간 교육받아온 '기능적'이라는 어휘는, 그 기능적 건축의 실현으로 얼마나 많은 사람들의 삶을 피폐화시켰는가. 보다 편리함을 쫓아온 삶의 모습이 과연 실질적으로 보다 편안한 것인가. 살갗을 접촉하기보다는 기계를 접촉하기를 원하고, 직접 보기보다는 스크린을 두고 보기를 원하고, 직접 듣기보다는 구멍을 통해 듣기를 원하는 그러한 '편안한' 모습에서 삶은 왜 자꾸 왜소해지고 자폐적이 되어가는가.

우리는 이제 '기능적'이라는 말을 다시 검증해야 한다. 더구나 주거에서 기능적이라는 단어는 우리 삶의 본질마저 위협할 수 있다. 적당히 불편하고 적절히 떨어져 있어 걸을 수밖에 없게 된 그런 집이 더욱 건강한 집이며, 소위 기능적 건축보다는 오히려 반反기능적 건축이 우리로 하여금 결국은 더욱 기능적이게 할 것이다.

Disfunction

The word "functional" has been taught to us for many decades. With the realization of this functional architecture, how desolate have the lives of so many people become. In our pursuit of convenience, are our lives really more comfortable? To want to touch machines rather than flesh, to want to see through a screen rather than through our own eyes, to want to hear through a hole rather than through our own ears; why does such a "comfortable" life become ever so small and closed.

We must re-think this word, "functional." The word functional, especially in our dwellings, poses a threat to the very essence of our lives. A house that is appropriately uncomfortable, just far enough to walk, is a healthy house. It is disfunctional architecture rather than functional architecture that will ultimately make us more functional.

한옥과 일본 전통집에서의
부분 파사드(건조물에서 중요한 전면·정면) 구성
같은 동양이라 하더라도 일본인과
우리 한국인의 미의식은 확연히 다르다.
나는 이 두 그림을 통해서 형식의 의미보다는
그 형식을 낳게 한 의식을 지적코자 한다.
자의적인 절제가 언제든지 한계를 가지는 데
비하여 무의식의 절제는 그 한계를 두지 않는다.
어쩌면 그것은 숙명이다.

The Korean House and the Japanese House

Though both part of the East Asian tradition,
the Korean sense of beauty is distinctively different from
that of the Japanese. Through these two photographs,
it is less the meaning of the form but the consciousness
that brought it forth that I would underscore.
While intentional restraint will always have its limits,
unconscious restraint has none. We may perhaps call this fate.

무용의 공간

어떤 공간이 다목적이든 단일목적이든 그러한 목적을 가진 공간은 그것이 주어진 시간 내에 성취되는 것이라면, 그 시간이 지난 후 그 공간은 블랙박스에 갇혀 있게 되며, 갇혀 있는 동안 우리의 삶과는 전혀 관계하지 않을 수 있다.

반면, 딱히 쓸모없어 이름짓기조차 어려운 그런 공간은 건축의 생명력을 길게 하며, 정해진 규율로 제시할 수 없는 우리의 삶의 모습을 다양하게 만든다.

그러한 공간이 많을수록 더욱 다양한 삶이 그 안에 담기게 되고, 그 다양함이 어떤 시스템에 의해 엮어지면 그 공간은 시퀀스(연속적인 사건들)를 가지고 삶의 드라마를 만든다. 그 드라마는 그 공간의 레이어링이 많을수록 더 많은 반전과 감동을 자아낼 수 있을 것이다.

Purposeless Space

Let us say that a space, either a single- or multi-purposed space, was realized during a given period of time. Once that time passes, however, this space will be trapped inside a black box, and once trapped it will be entirely separated from our lives.

It is those peculiarly useless spaces, such ineffable spaces, that provide architecture with life. They provide diversity to a life that cannot be regulated by fixed rules.

The more of such spaces, the more diverse the life that fills it. And when this diversity is interwoven with a certain system, these spaces create a sequence that is the drama of life. In this drama, the more layers of space, the more unexpected the turns, the deeper our emotions.

한국의 마당 The Korean *madang*

쓸모없는 공간, 예를 들어 우리네 '마당'은 참 좋은 예가 된다. 생활의 중심이나 관상의 상대일 뿐인 이방의 마당과는 달리, 우리의 마당은 생활뿐만 아니라 우리 사고의 중심이며, 우리로 하여금 공동체를 발견케 하는 의식의 공간이다.

이를 '무용無用의 공간'이라고 하자.

침묵

벽체들은 이러한 공간들을 한정할 뿐이다. 이들 자체로는 존재하지 않으나, 세워져 있다면 그것은 형태 이전의 목적을 가진다.

벽체를 과장하는 것은 그 속에 만들어진 공간을 일그러뜨리는 것이다. 혹은 잘못된 삶의 형태를 이끌기도 하기에 이는 위험하지 않을 수 없을뿐더러, 그 자체만으로는 아무런 의미가 없다.

Useless space. The Korean courtyard, the *madang*, is a good example. Unlike other courtyards that are either the center of everyday life or the object of aesthetic appreciation, our *madang* is both the center of life and the center of our thought, and a space of consciousness that allows us to discover our community.

Let us call this a "purposeless space."

Silence

Walls do nothing more than delimit these spaces. Walls do not exist for themselves, but if they are built, they have a purpose prior to their form.

Walls that are exaggerated deform the space within. They are dangerous because they can lead toward a wrong form of life. Walls in themselves have no meaning.

종묘 정전 宗廟 正殿(1395/1608)
종묘 정전 앞의 비움의 공간은 영혼의 공간이며
우리 자신을 영원히 질문하게 하는 본질적 공간이다.
나는 한계에 부딪힐 때마다 종묘 정전 마당에
올라서길 좋아한다. 그럴 때마다 나는 원시로부터
나오는 듯한 힘을 얻는다. 지금도 살아 있는
이 공간은 우리 한국인의 원형질이 아닐까.

Jongmyo (Royal Shrine), Main Pavillion (1395/1608)
The empty space in front of the *Jongmyo Shrine*
is a space of the soul, a fundamental space
that never ceases to question us.
Whenever I reach an impasse, I visit *Jongmyo*
and walk along its courtyard. Each time,
I gain strength from a seemingly primordial source.
Is this space, still so much alive, the archetypal
substance of the Korean people?

우리의 도시와 가로街路는 얼마나 껍데기일 뿐인 그러한 벽체들로 뒤덮여 있는가. 일그러지고 비틀어진 형태, 시뻘겋고 시퍼런 색깔, 현란한 불빛, 각종 악취와 소음, 온갖 저열한 상업적 속성과 우스꽝스러운 졸부들의 가면으로 나타난 이 거리의 파편적 풍경을 향해 우리가 전달해야 하는 메시지는 무엇인가. 나는 침묵이 참으로 가치 있고 의미있음을 그들에게 전해야 함을 믿는다.

침묵의 벽. 비록 소박하고 하찮은 재료로 보잘것없이 서 있지만, 그 벽은 적어도 본질의 문제를 안으며 중심을 상실하지 않는, 아름다운 영혼을 가진 건축가들이 쌓은 벽이며 결단코 쉽게 허물어지지 않을 것이다.

이 시대 우리의 건축은 과연 어떠한 것인가.
다시 스스로에게 묻는다.

Our cities and streets are thick with these mere shell-like walls. Deformed and twisted, garish reds and blues, gaudy neon-lights, all kinds of stench and noise…. What should we say to the fragmented landscape of these streets, those that wear the mask of vulgar commercialism and the ridiculous nouveau-riche. That silence is truly valuable and meaningful: I believe we must deliver this message .

Wall of silence. Walls built in ordinary and humble materials, erected by architects who embrace the question of essence, who maintain their center, who are the bearers of beautiful souls: these walls, at the very least, will not easily crumble.

What is the architecture of our times?
I ask myself once again.

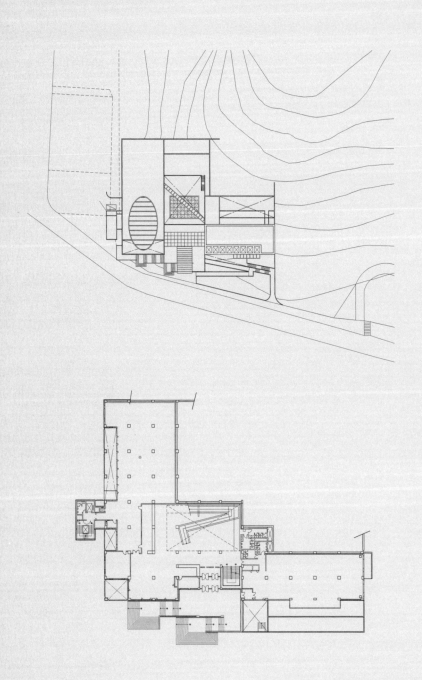

1994 순천향대학교 도서관 Soonchunhyang University Library, Asan

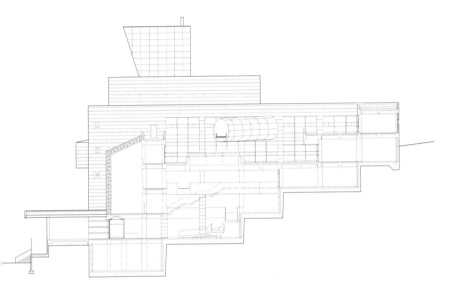

1994/1996 문화공간 종합예술관 Artcenter *Culture&Space*, Seoul

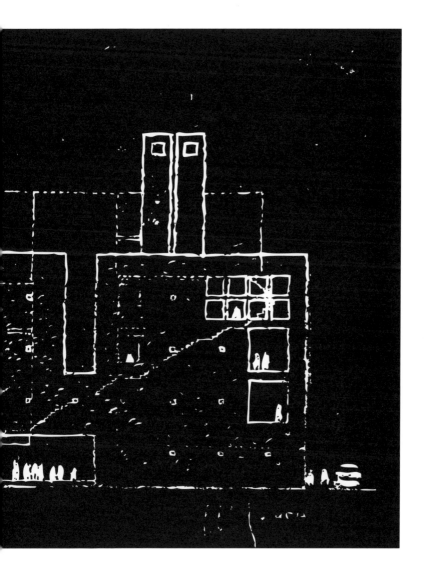

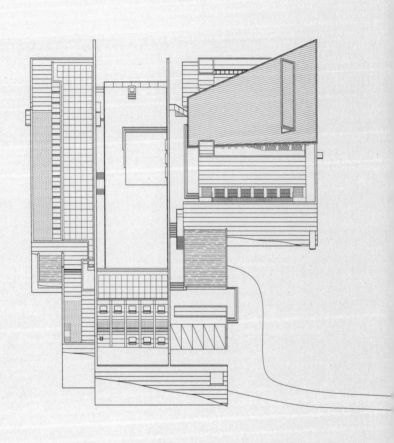

1995 율동 법당 Yuldong Buddhist Temple, Gyeongju

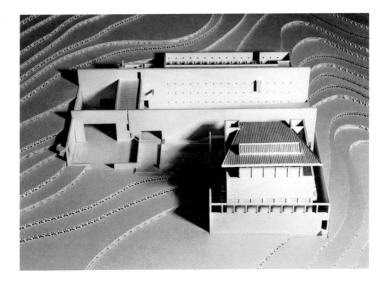

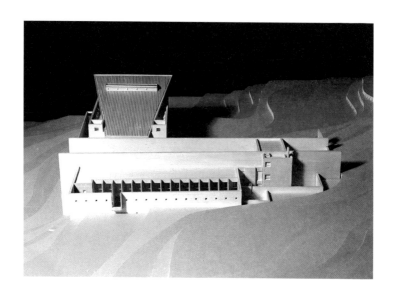

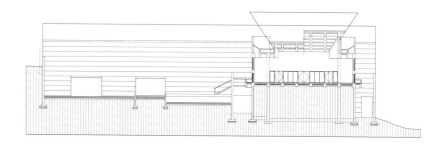

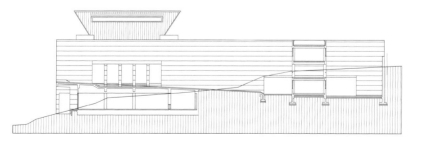

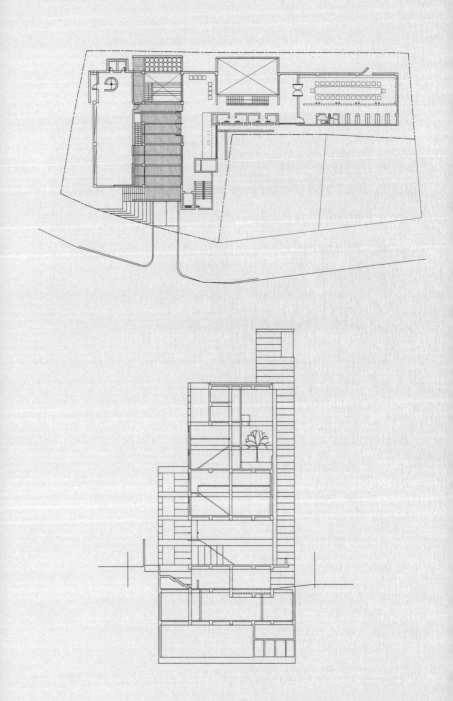

1995 웰콤 사옥 Welcomm Building, Seoul

1995 동방유량 사옥 Dongbang Yurayang Building, Seoul

건축가 승효상

민현식 (건축가)

건축가는 지적감수성으로 보편적 세계를 보는 자입니다. 그리고 건축가의 작업은 시간의 흐름에 따라 인간의 삶이 누적되어온 땅 위에 건축가의 직관적 의지를 구축하여 장소성을 새롭게 쌓아가는 일련의 과정입니다.

이러한 관점으로 승효상의 건축 작업은 장소의 뜻을 찾는 일에서부터 출발합니다. 그가 우선 주목하는 것은 땅과 그 위의 축조물들이 시간 속에서 누적되어온 삶의 궤적을 발굴해내는 일이며 그 위에 그의 직관에 의한 매 순간순간의 결단으로 그것의 현재성을 재구축합니다. 그리고 그 결단의 동기는 그것이 긍정적이든 부정적이든 모든 우리의 삶을 깊이 사랑하고 있음에 두고 있어서 항상 건강합니다.

이러한 뜻으로 그는 진보주의자입니다.

그러나 그의 진보가 지향하는 바는, 세기초 환상적 유토피아를 그리려 했던 혁명가들의 이상과는 그 궤를 달리합니다. 그것이 이전에 이룩된 모든 가치를 전도시키면서 환상과 꿈의 세계를 백지 위에 펼치고자 했다면 그는 당대의 시대적 요청에 따라 전시대에 누적되어온 모든 궤적을 선택적으로 받아들이면서 그 위에 새로운 현대성을 보태는 태도를 취합니다.

따라서 그는 철저한 리얼리스트이기도 합니다.

그러므로 그의 건축의 또 다른 중요한 양상은 시대성의 조명입니다. 물론 시대적 요구를 단순히 수동적으로 따른다기보다 적극적이고 능동적으로 당대가 지녀야 할 덕목을 새로이 발견하고 드러냅니다.

그가 종종 사용하는 '빈자의 미학'은 이 시대가 필연적으로 갖추어야 할 덕목이 무엇인가를 명쾌히 보여주는 선언입니다. 그의 빈자의 미학은 물리적으로 빈한한 자의 어쩌지 못하는 퇴행적 미학이라기보다 스스로 빈자이고자 하는 자의 실천적 미학입니다.

이 정신은 지난 세기와는 또 다른 양태들, 인간성이 피폐되어가는 세기 말적 징후들과 결연히 맞서려는 강한 의지로서, 자연에 대한 경외, 도에 대한 갈급함, 높은 안목, 그래서 청빈한 삶을 생활화한 조선의 선비들, 기성의 세계에서부터 스스로를 구태여 추방시켜 구원의 길을 찾아나서는 자코메티 등 현대의 몇몇 예술가들에서 흔치 않게 발견할 수 있습니다.

이런 뜻으로 그는 근본주의자이며 영원한 본원의 세계를 추구하는 구도자입니다.

그의 건축이 일견 침묵하는 몸짓을 보이면서 온갖 거추장스럽기도한 부질없는 기름기와 때를 씻고 본질만으로 구성된 뼈만으로 구축되기 때문에 종종 미니멀리스트로 오해받기도 합니다. 하지만 단순함과 순수함이 오히려 더 큰 다양함과 풍부함을 주리라 기대하는 그들과는 근본적 목적이 다를 수밖에 없습니다. 즉 순수와 단순함의 미학이라기보다 본원을 발견하려는 실천적 윤리학입니다.

그러므로 그가 세우는 흰 벽, 그가 만드는 길과 마당, 그가 빚어내는 공간들은 오브제적 아름다움, 다시 말해 고전적 비례감의 아름다움을 넘어섭니다. 어떨 때 일반에게 익숙한 미적통념에서 벗어나 필요 이상 과장되거나 충격적으로 축소되기도 하는 그의 조형은 우리의 일상을 진리의 세계로 연계시키고자 하는 그의 처절한 순례의 결과입니다.

이러한 몇 가지 설명에도 불구하고 이것들은 건축가 승효상과 그의 건축을 충분히 서술하고 있지 않으며 또한 이렇게 섣불리 단정해서도 아니됩니다. 그는 이제 막 자신의 건축 세계를 열기 시작하고 있으며 앞으로 더 큰 가능성이 넓게 열려 있기 때문입니다.

단지 우리는 애정과 기대를 가지고 그를 지켜볼 따름입니다. (1996)

Seung H-Sang, Architect

Min Hyunsik (Architect)

An architect is one who sees the general world with an intelligent sensibility. As time passes, the life of a civilization is accumulated on the land. The architect's intuitive will is built on this land and thus creates a sense of place. Such is the process of the architect's work.

In this sense, the architectural work of Seung H-Sang begins with the search for the meaning of place. He first focuses on excavating the traces of life accumulated on the land and the structures that stand over it. At every decisive point, his intuition reconstructs the contemporaneity of these traces. Whether positive or negative, his decisive motivation is rooted deeply in his affection for life. That is why his motivation is always a healthy one.

In this respect, he is a progressive architect.

His progressivism, however, is unlike that of the early twentieth-century revolutionaries who drew up phantasmal utopias. Whereas the revolutionaries tried to overturn every established value, wishing to build a world of fantasy and dreams on a *tabula rasa*, Seung follows the call of his era, choosing from the accumulated traces of history and adding a new contemporaneity onto them.

He is thus a thorough realist.

Therefore, another important aspect of his architecture is the way he illuminates the sense of the age. Obviously, he is not passive servant of the requirements of the era but an active and voluntary agent who seeks to discover the virtues that the period should sustain.

His assertion of the beauty of poverty is a clear statement of the virtue this era should possess. His beauty of poverty is not the regressive surrender of an aesthetics of material deprivation but the practical aesthetics of those who have chosen to be poor.

This spirit is borne of a will that stands against a new fin de siècle, one that is witness to a different kind of impoverished humanity. This spirit can be found in the *Joseon seonbi*, who respected nature, who earnestly pursued the way of the *Tao*, who attained a great sense of beauty. They could thus sustain a plain life. It can be found in just a few of our modern artists, artists such as Giacometti who, in search of the path to salvation, intentionally exiled themselves from the established world.

In this respect, he is a fundamentalist - a pilgrim in search of an eternal world of essence.

His architecture shows gestures of silence, cleansed of trivial and useless excess, constructed solely of the basic bones of essence. He may thus be understood as a minimalist. But he is necessarily different from the minimalists who in fact seek wider variety and richness through simplicity and purity. Rather than an aesthetics of purity and simplicity, his architecture is a practical ethics that seeks to discover a fundamental origin.

Therefore, the white wall that he erects, the paths and courtyards that he opens, the space that he creates transcend objective beauty, that is the beauty of classical proportion. Because his forms break away from common aesthetic expectations, there is the danger of exaggeration and the effect of shock. But ultimately, his form is the result of an arduous pilgrimage that seeks to connect our everyday life to the world of truth.

Despite the explanations I have provided, neither do they adequately describe the architect and his work nor should they be accepted as definitive. Seung H-Sang's world of architecture has just been opened, and thus a vast world of possibilities lie ahead of him.

We wait and watch with affection and great expectations. (1996)

승효상의 '선언'

박노해 (시인)

20년 전, 이 작은 동쪽 나라에서 중요한 '선언' 하나가 터져나왔다. 『빈자의 미학』. 이것은 건축 책이 아니다. 이 책은 '삶의 혁명' 선언이다. 1996년 겨울, 무기수의 감옥 독방에서 받아 든 이 작은 책의 울림은 지진처럼 나를 흔들었다. 나는 관 속 같은 언 독방에서 담요를 둘러쓰고 거듭 읽고 고쳐 읽고 다시 읽으며 묵상에 잠겼다.

그 시대

승효상의 『빈자의 미학』이 출현한 역사적 '시간'과 '장소'가 중요하다. 마르크스의 저 '선언' 이래 인류의 오랜 비원인 인간 평등과 노동 해방의 행동들이 격발되었다. 그러나 억압의 역사는 길었고 혁명의 시간은 짧았다. 세계를 뒤흔든 혁명의 이념과 체제가 내 눈 앞에서 무너져 내렸다.

'더 좋은 물건을 더 값싼 가격으로' 제공하는 자본주의 체제는 모든 가치를 무너뜨리며 세계를 점령해 나갔다. 무너진 것은 사회 체제만이 아니었다. 사회주의라는 '운동' 안에 살아 숨쉬던 공동선과 정의, 인간의 도리와 문화, 고유한 공동체와 우리 인간성이 휩쓸려 나갔다.

그런 역사의 대변환 속에서, 여기는 어디던가. 서구 문명과 동양 문명이, 해양 세력과 대륙 세력이, 자본주의와 사회주의가 충돌하고 갈라놓은 땅, 세계 권력 재편의 강대국들에 둘러싸인 이 땅. 기나긴 식민지배와 전쟁과 빈곤을 딛고 경제성장과 민주화로 처음 맞는 풍요와 자유와 재미의 세계로 다시, 길을 잃어버린 그 때, 승효상의 '선언'이 창출된 것이다.

그 선언

사람은 '선언'으로 산다. 그의 첫마음이 써낸 결정적인 말. 그것은 생을 건 약속이다. 그것 하나를 지키기 위해 다른 모든 것을 앗길 수밖에 없는 선언.

선언은 시대의 최전선에 자신을 벌거벗은 과녁으로 세워두는 행위이다. '선언자'는 자신을 위험과 비난 앞에 세워버린 자이다. 자기 선언을 써버린 자는 돌아갈 수 없다. 선언을 실천하고 살아내는 수밖에 다른 길이 없다. 그 선언이 나를 다그치고 나를 추방하고 거듭거듭 나를 강박하고 창조로 내몬다.

그리하여 선언은 스스로 빛난다. 선언이 걸어가고 선언이 일을 하고 선언이 지어간다. 선언은 그 자체로 투쟁한다. 적을 폭로하고 육박전을 벌이며 현실을 돌파한다. 선언을 세상에 던진 순간 기존 가치들의 좌표를 뒤흔든다.

승효상은 자기 '선언'을 해버렸다. 좋은 삶을 세움으로 구조악을 타파하겠다는 '입立을 통한 파破'의 선언. 『빈자의 미학』에는 아름다움과 올바름이 긴장된 떨림으로 피워내는 고원의 꽃들이 찬연하다.

그 안목

조용한 시간, 『빈자의 미학』을 천천히 읽어보라. 서둘러 전선으로 떠나는 한 청년이 밤을 새워 쓰고서 책상 위에 고이 접어 두고 간 편지. 그 가슴 시린 슬픔과 분노가 스며오는 문자향이 아닌가.

어떤 단락은 잘 익은 수도원 포도주향이 나고 또 어떤 장은 손으로 갈아 내린 커피향이 나고, 눈 내린 유배지의 추사秋史가 따라주는 차향이 나기도 하고 솜씨 좋은 울 엄니의 단출한 밥상의 된장국 내음이 나기도 한다.

이 간결하고 작은 책의 응축력은 터질 듯 생생하다. 인류가 쌓아 올린 위대한 사유와 고귀한 예술 작품과 아름다운 건축들이 시대의 높이에 선 승효상의 안목으로 엄선되어 올바름의 주춧돌 위에 세워져 있다.

『빈자의 미학』 자체가 단순하고 단단하고 단아하게 지어 올린 마음의 건축이 아닌가. 나만의 다른 길을 찾는 사람에게, 이 책은 살아서 책을 읽는 행복한 경험을 안겨주고, 진정한 아름다움을 가려보는 안목을 선사하고, 좋은 삶으로 가는 길에 영감을 불어넣어줄 것이다.

그 건축

나는 승효상의 '빈자의 미학'이 구현된 집에서 살아본 적이 있다. 16년 전, 새로운 삶의 혁명을 선언한 운동단체 〈나눔문화〉를 시작하며 광화문 골목에 월세 사무실을 얻었다. 개발 시대에 지은 낡은 건물 한 층의 네모 상자 공간, 건축비는 턱없이 모자라고 완공 시간은 촉박한 최악의 조건이었다.

수많은 밤을 새며 논의하고 설계한 안들이 승효상의 숙고를 거쳐 현실로 나타날 때 우리는 놀라움에 사로잡혔다. 열리면서도 닫히고, 함께하면서 혼자인 건축. 다양한 독립 처소를 잇는 골목길들이 절묘하게 이어지고 최대한의 햇살과 바람이 드나들어 편하면서도 더 많이 걷는 공간. 저렴한 합판과 석고보드와 코르텐강판으로 세운 벽과 가구들.

더는 뺄 수 없을 만큼 비워낸 '단순함'. 11년 동안 문짝 하나 고치거나 유행에 맞춰 바꿀 필요가 없는 '단단함'. 세월이 지날수록 삶의 무늬가 빛나는 '단아함'. 가난과 결여 속에 궁리하고 짜낸 창조의 힘이 깃든 이 장소는 〈나눔문화〉가 창출하고자 하는 '적은 소유로 기품 있게' 살아가는 대안 삶의 한 증거였고 국경 너머로까지 생명 평화 나눔을 실천하는 운동의 진지가 되었다.

나는 그 안에서 11년을 살았고 일했고 밤을 새워 글을 썼고 다양한 만남을 가졌고 세상을 바꿔나가는 운동을 실천했고 젊은 세대 혁명가들이 무럭무럭 자라나는 행복을 누렸다. 나는 말할 수 있다. 승효상의 건축은 이해되는 게 아니고 경험되고 살아내야 하는 것이라고. 고귀한 뜻을 품고 맑은 가난 속에서 좋은 삶을 살아가는 사람들의 집과 마을에서만 가능하리라고.

그 사람

승효상은 건축과 사유와 문장에서만 뛰어난 것이 아니다. 깊이 파기 위해서는 넓게 파야 하듯 그는 다른 영역에서도 한 경지를 이루고 있다. 그는 탁월한 조직자이자 경영자이기도 하다.

무엇보다 승효상은 그 사람이 멋있다. 자기만의 스타일이 있고 치열하게 일하고 제대로 즐길 줄 아는 격조 있는 멋쟁이다. 그와 함께 있으면 그냥 좋다. 그도 나도 묵연히 있지만 편안한 긴장미로 그냥 좋다.

승효상은 적잖은 공격과 비판을 들어왔다. 『빈자의 미학』을 들어 돌멩이를 던진다. 묵묵히 많이도 아플 것이다. 20년 전 무명의 승효상은 고독했다. 세계적 거장이라는 명성이 찾아온 지금 그는 더 고독해졌는지 모른다.

하지만 대다수의 이해란 실상 오해일 뿐이다. 그는 잘 안다. 이 "악다구니 같은 풍경" 속에 세울 삶의 건축만이 자신에 대한 오해를 바로 잡을 것임을. 그리고 그는 어쩌해도 스스로의 '선언'을 지키기 위해 자신을 강박하며 분투하고 있지 않은가.

그 길에

『빈자의 미학』은 스무 살 청년이 되어 우리 앞에 다시 서 있다. 이 선언문은 짧으나 생명력은 길다. 이 선언문은 작으나 영향력은 크다. 가면 갈수록 침묵 속에 타오르는 불로 빛날 것이다.

졸부성과 천민성이 다수결로 휩쓰는 우리 시대에 『빈자의 미학』은 아직 머리 둘 집 한 채가 없다. 그러나 승효상은 마침내 '선언의 집'을 세우고 말 것이다. 빈자의 미학이 빛나는 그 집은 분명 삶의 혁명의 진지가 되리라. 그는 해낼 것인가, 해낼 것인가. 나는 뜨거운 믿음으로 기다리고 기원할 뿐이다.

앞이 안 보이는 청춘의 밤길이다. 그래도 여기 스무 살 『빈자의 미학』이 걸어오고 있지 않은가. 어둠 속에 들려오는 친구의 발자국 소리는 얼마나 희망인가. 그러니 용기를 내라. 자신만의 '선언'을 세상에 던져라. 결정적 선언을 가진 자는 죽지 않는다. 선언 없는 자들은 선언을 죽이지 못한다. 그렇게 『빈자의 미학』은 눈 푸른 청년으로 오늘 여기 세상 가운데로 걸어가고 있다. (2016)

Manifesto of Seung H-Sang

Park Nohae (Poet)

Twenty years ago, this little eastern country witnessed the outburst of a vital 'manifesto.' *Beauty of Poverty*, it was called, and it was not simply a book on architecture—rather, it was a manifesto for 'revolution of life.' In the winter of 1996, in a solitary confinement for life imprisonment, I came across this little book and its resonance shook me like an earthquake. Reading through the book again and again in that frozen, coffin-like cell under a sheet of blanket, I was led to moments of meditation.

The Era

The historical 'time' and 'place' in which Seung's *Beauty of Poverty* came to existence are of importance. Ever since Marx's *Manifesto*, there was the upsurge of movements that sought to realize mankind's long held quest for human equality and liberation of the working class. But the history of oppression was long and the time of revolution too short. The ideology and system of the revolution which once rattled the world crumbled down before my eyes.

The capitalist system, providing better goods at a cheaper price, has swallowed up the globe and abolished all existing values. What collapsed was not only the social system—the common goodness, justice, human dignity and culture, and our unique community and humanness, once vibrant under the 'movement' that we call socialism, were also all swept away.

At that historical turning point, where were we standing? Our land saw clashes between Western and Eastern civilizations, maritime and continental forces, and ultimately Capitalism and Socialism, the conflict of which divided its territory. World powers fighting over a new global hegemony surrounded our land. Through economic development and democratization, we were at last exiting long periods of colonization, war, and poverty, but once again we lost our way in the world of wealth, freedom and amusement. It was there and then that Seung's 'manifesto' was proclaimed.

The Manifesto

Man lives by his/her 'manifesto.' The first decisive word written by his/her young heart—that is a promise to live by. A manifesto compels you to lose everything to keep that one thing.

To issue a manifesto is to place oneself in the epoch's front line as an exposed target. The proclaimer is one who situates himself/herself against dangers and criticisms. One who writes his/her own manifesto cannot go back. There is no other way than to fulfill and live by the manifesto. A manifesto scolds, expels, and obsesses one over and over again and compels one to create.

Therefore a manifesto shines through. A manifesto walks, a manifesto works, a manifesto builds. A manifesto itself fights through. It marches through reality by uncovering the enemy and engaging in a hand-to-hand combat. When a manifesto is thrown into the world, the matrix of previous values is shaken.

Seung has proclaimed his own 'manifesto' to break down structural evil by building a good life—a manifesto of destruction through construction, if you will. *Beauty of Poverty* is radiant with flowers of the highlands, bloomed by the beautiful and the righteous with their tense vibrancy.

The Insight

I recommend a thorough reading of *Beauty of Poverty* in tranquil hours. It is a letter by a young man who, just before a hurried dispatch to the front line, writes the letter through the night and leaves it on the table carefully folded. Does it not resonate with scents of words that permeate poignant sorrow and anger?

Some paragraphs emit odors of a well-aged monastery wine, some chapters smell of hand-ground coffee, others of tea served by a scholar in exile at a snow-covered outback, and still others of traditional soybean soup on a small and plain dining table our skillful mothers have prepared.

The condensed power of this concise and short book is explosively vibrant. Seung, with an insight that matches the heights of our era, made selections from the great thoughts, the noble artworks, and buildings of beauty that mankind hitherto gave birth to, and they have been firmly placed in the cornerstone of rightness.

Is not *Beauty of Poverty* itself a building of one's mind, simple, firm, and elegant? For those who seek a different path of his/her own, this book will awaken you to the wonders of being alive and being able to read, and bring you an insight that can discern true beauty, and an inspiration towards the path to a good life.

The Architecture

I've had the experience of living in a house that realized Seung's 'beauty of poverty.' Sixteen years ago, *Nanum Munhwa*, an organization dedicated to a new revolution of life, was founded. We rented an office on monthly basis inside Gwanghwamun alley. It was a box-shaped space that occupied one floor in an old building from the development era, and the situation was further worsened by unrealistic shortage of budget and time.

We were overwhelmed with astonishment when we witnessed our plans, discussed and devised through sleepless nights, come to reality through Seung's deliberate efforts. It was an architecture open yet closed, together and alone at once. Alleyways connecting the various independent rooms stretch exquisitely, welcoming an abundance of sunlight and wind, to create spaces that were comforting yet requiring long strolls, filled with walls and furniture made from inexpensive plywood, gypsum boards, and cor-ten steel.

'Simplicity' gained through emptying until nothing more could be discarded; 'durability' that necessitated no repairs, either of a door or a door knob over a decade; and above all, 'elegance', through which style and beauty come alive with continuous use—with these qualities, this place, potent of creative force born from material scarcity and deficiency, is a living proof of the alternate way of life—one where less possession leads to elegance—that *Nanum Munhwa* tries to create, and became a basecamp for the movement that promotes life, peace, and sharing across national borders.

In this space I spent eleven years living, working, writing through the nights, meeting people, striving to change the world, and cherishing the happy moments to witness the growth of the next generation of revolutionaries. This I can say with confidence—that Seung's architecture is not to be understood but to be experienced and lived in. It can only be realized in homes and villages of people with noble intentions to lead decent and dignified lives in transparent austerity.

The Man

Seung's capacity is not limited to his architectural designs, his thoughts, and his writings. As one has to dig wide in order to dig deep, Seung has also reached outstanding levels in other realms. He is also a confident organizer and an entrepreneur. Above all, he is a wonderful person. He has his own style, works passionately, and knows how to enjoy himself—he is a man of taste and dignity. Simply being with him brings me joy. He and I are often silent together but I just like the comforting tension between us.

Seung has been the subject of numerous objections and criticisms. Accusations are made on the basis of *Beauty of Poverty*. Although he remains silent, hurt it will. Twenty years ago, Seung, then unknown, was lonely. Now with his fame as a world-renowned architect, he may be lonelier.

The majority's understandings, however, are often misunderstandings. He knows it too well, that only a work of architecture, erected in this "world of acrimony", can correct the misconceptions the world has of him. Under all circumstances, he constrains himself and strives to stand by his own 'manifesto'.

The Path

Beauty of Poverty stands in front of us once again, now as a twenty-year-old youth. The manifesto is short in length but its vital power is extensive. The manifesto is small but its influence is overpowering. As time goes by, it will shine more brightly as a burning flame in silence.

In our era when pariah capitalism of the nouveau riche sweeps this world by the power of majority, there is not yet a single home for *Beauty of Poverty* to lay down its body. But Seung will one day build the 'house of manifesto'. The house, glowing with the beauty of poverty, will surely become a stronghold for the revolution of life. Shall he succeed? Will he succeed? I can only await and pray with wholehearted confidence.

The path of the youth is dark and provides no clear outlook. Yet here *Beauty of Poverty*, now 20 years old, treads forward. Hopeful is the sound of a companion's footsteps in the dark. So let us have courage. Pitch your own 'manifesto' towards the world. Those with a determined manifesto never perish, and those without a manifesto can not kill a manifesto. *Beauty of Poverty*, youthful with its clear blue eyes, thus advances forward, here and now, to the center of the world. (2016)

후기

끝내, 이 작은 책 『빈자의 미학』을 다시 출간하게 되었다.

오래 전에 절판된 이 책의 중고본이 경매에 나온다고 하고 희한하게도 고가의 금액으로 거래된다고도 하여 일부의 쓸데없는 호사로만 여겼다. 하긴 몇몇 출판사에서 복간을 요청하기도 했지만 그럴 일이 아니라고 여겨 매번 거절하였다.

사실은 두 번에 걸쳐 이 책을 다시 출판한 적이 있다. 한번은 건축학자인 배형민 교수가 내 건축에 관한 비평서를 『감각의 단면』(2007, 동녘)이란 제목으로 출판했을 때 그 부록으로 엮은 적이 있으며, 작년에 중국의 중신출판 사中信出版集团에서 중국에 이 책을 소개할 필요가 있다고 여러 번 이야기하여 번역 출간한 적이 있다. 이 두 번의 경우는 복간이 아니니 그럴 수 있었다.

그러나 20년 전에 쓴 책을 그대로 다시 낸다는 것은 내 염치로는 할 수 있는 일이 아니다. 1996년 1월 영국의 한 건축학교에서 초청강의를 앞두고 강의노트 적듯 부랴부랴 쓴 이 책의 글을 다시 들춰 내보이기에는 나는 이미 달라져 있기 때문이다. 물론 그 중심된 생각은 굳세게 나를 붙들어 거센 세파를 돌파하도록 지금도 부추기고 있지만, 그를 설명하는 근거들은 이제 보니 취약한 논리였고 심지어 선택한 어휘나 어문이 거칠기 짝이 없었다. 그러니 이 책의 복간은 나로서는 금기어였다. 그런데, 급기야 박노해 시인에게 걸린 것이다. 어쨌든 그에게 여전히 빚진 자 중의 하나인 나로서 그의 청은 거절하지 못하는 당부인 게 내 고집을 접게 만들고 만 것이다.

여러 다른 기회에서 말하기도 했지만, 나는 이 책을 정말 다시 쓰기를 원한다. 지난 수십 년간의 실천이나 실패를 통해 이룬 경험으로 이 선언적 서술을 보정하고 보완하고 싶다. 언제일지 알 수 없지만 그렇게 해야만 나는 이 불편과 민망으로부터 자유하게 될 것이라 믿기 때문이다.

참고로, 작년에 출간된 중국어판에 붙인 서문을 여기에 중재한다. 이 서문에는 배형민 교수의 저작에 붙인 글도 일부가 인용되어 있다.

"'빈자의 미학'이란 말을 처음 사용한 것이, 1992년 4.3그룹 건축전시회에서였다. '이 시대 우리의 건축'이라는 제목으로 개최한 이 전시회는 한국건축계에 적지 않은 반향을 일으킨 것으로 기억한다. 14명의 젊은 건축가들이, 서울의 '인공화랑'에서 기둥처럼 설치된 전시대 위에 각자의 건축이념을 새겨 전시한 풍경은 이전의 한국건축계에서 좀처럼 볼 수 없었던 것이었다.

14개 사각 기둥에 새긴 패기 찬 건축을 향하여 더러는 탐미적이라거나 혹은 아방가르드라고도 했으며 더러는 관념적이며 추상적이라고 비평을 던지게 했던 이 작은 전시회는, 모순으로 엉겨 붙었던 기성건축계에 새로운 성찰을 촉구하였고 건축학도들에게는 자극적 환상도 던졌다. 여전히 한국건축의 현실은 척박하지만 그래도 이만큼의 건축지형에라도 이른 데는 그 전시회의 영향에 힘입은 바 있다고 여긴다. 동의하지 않을 수도 있을 것이다.

오랜 기간 건축 수련에 몰두해 왔었으나 급기야 길잡이를 잃은 채 헤매던 나에게, 그 전시회는 내가 왜 진정성으로 건축하는 저들과도 달라야 하는가를 확인하는 귀한 계기였으며 그로써 내 건축의 소중한 출발점이었다.

그 '빈자의 미학'을 책으로 묶어서 출간한 것은 1996년 초, 런던의 AA스쿨의 초청강연을 앞두고 있던 때였다. 이미 해외강연을 몇 차례 하면서 건축에 대한 나의 사유를 간단한 글로 전달하는 것이 요긴하게 생각되던 차였고, 그때까지 쌓인 강의노트를 정리할 필요도 있었다. 1992년의 4.3전시회의 책자에 실렸던 글과 1993년에 발간한 에세이집에 수록되었던 '현대의 유적'을 바탕으로 1996년 초간이 나오게 된 것이다.

'공간' 시절에 나를 도와 일하기도 했던 전진삼씨가 편집을 맡아 '미건사'에서 발간된 이 작은 책은 나의 강한 의도로 전체가 묶이는 바람에, 읽기에 다소 불편한 책이 되고 말았다. 텍스트는 한글과 영어가 같은 면에서 펼쳐져야 한다고 말했고, 글 내용에 인용되는 이미지들은 그것대로 긴 주석을 달면서 독립되어 전개되어야 했으며 더불어서 내 글을 바탕으로 만든 내 건축 또한 독립되어 전체 책으로 퍼져있어야 한다고 우겼다. 내 건축에서 나타내고자 하는 것처럼 중첩된 레이어들을 만든 것이다. 사실은 이 작은 책을 판매할 생각이 없었다. 발행되는 최소 부수를 내가 다 사서 내 건축을 설명하는 용도로 배부하기로 했기 때문이었으니, 책의 디자인도 내 뜻을 우긴 것이었다.

그러나 건축서적 판매상들이 큰 책 팔면서 끼워주기까지 하던 이 만만한 책이 '비공식' 베스트 스테디셀러가 될 정도로 시중에 나돌게 되면서, 나는 『빈자의 미학』의 저자로서 인구에 회자되었고, 곧이어 그 사실에 대해 줄곧 추궁당하며 '빈자의 미학'에 대한 건축만을 할 수 밖에 없게 되었다.

동기생인 김진애는 일찍이 내가 스스로 발목을 잡는 것에 대해 근심하여 주었다. 이상해 교수는 '빈자의 미학'이 얼마나 좋은 말인지 진정 아느냐고 추궁하였으며 끝까지 지켜보는 감시자의 역할을 자처하기도 했다. 무엇보다, 민현식 선배는 나의 선언이 헛말이 되지 않게 하기 위해서 내가 취해야 할 행동지침을 내가 사는 모습인 양, 내가 부탁한 책의 발문에서 낱낱이 기술하고 말았다. ─ 그 이후로 나는 근본주의자로 살아야 했다.

내가 만든 우리였지만, 사실은 그 속에서 나는 너무 자유로웠다. 오히려 그 틀을 벗어나는 조짐만 보이면 감시의 눈동자들이 번득이고 있었으니 주장을 번복할 배짱이 없는 나는 이내 틀 속으로 들어왔고 그 속의 자유함을 새록새록 깨닫고 있을 수밖에 없었다.

그러했다. 그 '빈자의 미학'이라는 틀 속에서의 자유함은 내게는 너무도 편했다. 아마도 오랫동안 건축수업을 한답시고 익숙해져야 했던 수련이라는 육체적 정신적 억제의 힘이 원래 내가 가지고 있었던 많은 기억들을 지우게 한 것일 게다. 어릴 적 양육되었던 내 고유의 환경이 다시 자랐으며 잠

재웠던 성정이 다시 살았고 오래 전 품었던 소망이 다시 해빙되었다.

다행스러운 것은 '빈자의 미학'이라는 틀이 투명한 성질의 것이어서, 틀 밖의 많은 지식과 경험이 관찰될 수 있었다. 아니다. 건전한 공동체 건설을 목표하는 '빈자의 미학'이 요구하는 바로는 오히려 끊임없이 외부를 관찰해야 했으며 항상 기록하고 때로는 고발하여야 했다. '빈자의 미학'은 바깥의 그 모든 정보를 걸러내는 필터였으니 이른바 '유적', '어번 보이드urban void', '문화풍경 culturescape', '지문landscript' 등이 그 필터를 걸러 생성된 건축어휘들이다. 물론 그런 새로운 언설은 반드시 나의 건축적 실천이 따르도록 나를 채찍질했다. 설혹 실패했을 때도 그 실패의 경험은 또 다른 텍스트가 되었다. (이하 생략)"

나는 실무를 하는 건축가로서는 적지 않은 책을 써왔다. 건축설계를 업으로 하는 자가 저술이라니…. 그만큼 말이 많아서일까? 아니다. 나는 다변이나 웅변의 인간이 못 된다. 오히려, 아직도 사람 많은 곳에서는 수줍음을 타고 모르는 곳에서는 늘 침묵으로 일관한다. 그럼에도 이렇게 책을 많이 내게 된 것은 다 『빈자의 미학』 때문이었다. 이 작은 책은 앞에 기술한 대로 나를 참으로 속박하였다. 내가 만든 건축만으로는 빈자의 미학을 다 이해하지 못한다고들 했다. 그래서 그 어설픈 내용을 다시 보충하고 해명하느라 또 다른 책들을 낸 것이니, 그 원죄의 크기와 길이가 대단한 것이다.

언어라는 것은 한번 뱉으면 아무리 오랜 시일이 지났다 해도 바꾸어지지 않으며 따라서 잘못되었으면 용서되지 않는다는 것을 잘 안다. 그럼에도 이 어설픈 언어의 책 『빈자의 미학』을 다시 보이는 것은, 비록 치부라고 해도 나는 더 이상 그로부터 도망할 수 없다는 것을 잘 알기 때문이다. 희망하기로는 이 작은 책을 쓰지 않을 수 없을 정도로 내 마음에 오랫동안 웅크리고 있는 본질만 이해해 주면 좋겠다. 충고와 질책은 물론 달게 받겠다.

그럼에도 독일의 시인 횔더린의 경구가 기억나는 것은 어쩔 수 없다.

"그리하여 모든 것 중에서 가장 뛰어나고도 위험한 존재인 언어가 인간에게 주어졌다." (2016)

Epilogue

Seung H-Sang

It was not an easy decision to reissue this little book, *Beauty of Poverty*.

When I heard that the used copies of this book, long out-of-print, were appearing in auctions and surprisingly attracting high bids, I thought of it as a pricey but meaningless fancy for a few. Some publishers even approached me with requests for republishing the book, requests that I turned down each and every time, thinking that it would not be appropriate.

In fact, however, I already have republished this book twice: one time when the architectural historian Pai Hyungmin wrote a critical study on my work under the title *Sensuous Plan*(2007, Dongnyuk), in which *Beauty of Poverty* was included as a supplement; and a second time when Citic Press Group(中信出版集团), a Chinese publisher, insisted on several occasions that the book should be introduced to Chinese readers and published a translated version last year. These were acceptable since they were not simple reissues.

However, I would be lost to shame if I were to republish this twenty-year-old book without any changes, as I am already a different man from the one who penned the original publication—rather a hastily written lecture note—while preparing an invited lecture at a British architecture school in January 1996. Without question the central idea of the book still holds me firm and encourages me to break through the wear and tear of the world, but the bases on which the idea was explained now seem weak in logics, and even the chosen words and sentences were despairingly rough. Hence, the inconceivability of a reissue. But then came the poet Park Nohae. His gentle request was a demand that I, as one of those who still owe him, could not refuse, and my persistent objection to reissuing the book finally gave way.

As I've said in many other occasions, my real wish is to rewrite this book from scratch, to revise and remedy its proclamations with experiences gained from practices and failures over the past decades. I do not know when my wish will come true, but such rewriting, I believe, is the only way I can free myself from all the discomforts and embarrassments that the book has brought upon me.

For your reference, I hereby relay the preface from last year's Chinese edition, one that also includes part of my writings from professor Pai's book.

"The first time I used the phrase "beauty of poverty" was in 1992. It was the theme of my contribution to the *4.3 Group* exhibition, "Echoes of an Era". I remember that the exhibition brought about quite a stir in the architectural community here in Korea. Fourteen young architects each inscribed their architectural ideas on panels set up like columns in Ingong Gallery. It was a rare scene in Korean architecture.

A passion for architecture had been etched onto the fourteen square columns; some called it an aestheticism and an avant-gardism, and some criticized it as conceptual and abstract. But it called upon the old guard, caught in its own web of contradictions, to take a new look at itself. It presented young architectural students with a stimulating set of fantasies. Though the architectural scene in Korea is still very much barren, the fact that we have even come this far is not unrelated to the influence of the exhibition. Of course, there are those who do not agree.

I had long concentrated on refining my metier, but along the way, I had become lost. The exhibition was a valuable moment that confirmed that I had to be different even from these architects of principle. It was thus a precious beginning to my own architecture.

It was in early 1996 as I was preparing for my lecture at London's AA School that *Beauty of Poverty* was put together and first published as a book. My experience of lecturing abroad taught me the advantages of gathering my thoughts into a short essay. I also felt the need to pull together my accumulated lecture notes. Based on my essay in the 1992 *4.3 Group* Exhibition catalogue and my "Remains of Modern," which was part of the group's 1993 collection of essays, its first edition was published in 1996.

Jeon Jin Sam, who had helped me many times in our days together at Space Group, edited the book which was published at the time by

Migeonsa. Because of my strong ideas about how this small book should be put together, it became a book that was somewhat inconvenient to read. I wanted a book with Korean and English on the same page; I wanted the images that paralleled the text to have their own set of lengthy captions and to proceed independently of the main text; and I stubbornly argued that illustrations of my work based on these words should be spread out over the whole book. As in my architectural work, I had created overlapping layers. I in fact had no intention of having the book sold. As a record of my convictions, I would buy the minimum number of printed copies and distribute it with the goal of explaining my architecture. That was why I was so intent on having the book designed in a certain manner.

Traveling book sellers would include this little book as a complementary copy when somebody bought a big expensive book. But it soon became an "unofficial" steady seller that had claimed a significantly wide readership. I had now come to be known as the author of *Beauty of Poverty*, after which I was pressed on to this fact. From then on, I had no other recourse but to become the architect of the beauty of poverty.

My college classmate Kim Jinae worried that I was putting a yoke over my own neck at too young an age. Professor Lee Sang Hae pressed me on whether I really knew what a great phrase "beauty of poverty" was, and that he would voluntarily keep an ever watchful eye over my work. More than anybody, my respected senior Min Hyun Sik saw to it that my proclamations would not become empty words. In the preface to the book that I had asked him to write, he explicitly layed out all my rules of conduct as if they mirrored the way I actually lived. After that, I had to live as a fundamentalist.

Though a fold of my own creation, I was in fact very much free within it. With watchful eyes glistening at even my slightest attempt to step out of its boundaries, I didn't have the guts to disavow my proclamations, and thus remained within it. Hence I could not but experience anew the freedoms within its boundaries.

That was the way it was. The freedom that I enjoyed within the fold was greatly comforting. In the process of my architectural apprenticeship, a habitualized discipline, that is the forces of physical and mental restraint, perhaps erased the many memories that I always held within me. The unique environment in which I grew up reemerged, my dormant sensibilities regained life, and the wish I had carried with me for so long was again released.

Fortunately the boundary of the beauty of poverty was of a transparent nature and I could observe the wealth of knowledge and experience that lay outside. No, even more than that. The goal of building a healthy community - the goal of the beauty of poverty - required constant observation of the outside world, always recording it, and at times filing charges against it. The beauty of poverty was a filter that sifted through all this information. "Remains of the modern," "urban void," "culturescape," "landscript": these were all architectural terms that were created through this filter. Of course these new terms compelled my architecture to follow suit. Even when I failed, the experience of failure became another text."

For a practicing architect, I have written quite a number of books. Indeed writing does not suit someone like me whose primary vocation is architectural design. Is it because I am garrulous? No, I am neither a great talker nor an orator. On the contrary, I am still rather bashful in the presence of many people and keep silent in unfamiliar situations. It is because of *Beauty of Poverty* that I came to write so much. This little book, as I have mentioned above, has tied me down greatly. People often told me they were unable to understand the beauty of poverty by simply looking at my architectural works. Thus I had to write more books to clarify and elucidate what I tried to convey in my first book, the original sin of which, therefore, is large and deep indeed.

I well understand that words, once spoken, cannot be changed even with time's passing, and wrong words will therefore never be forgiven. Nevertheless, I am reintroducing *Beauty of Poverty*, a book of fumbling words, because, even if it has been my weak point, I know too well that there is no way to run away from it. My sincere hope is that readers at least understand its essence, one that had so long been crouching inside my heart that I had no other choice but to write this little book. Advice and criticism, of course, I am open to.

Yet I am reminded of an epigram from Friedrich Hölderlin, a German poet: "That is why language, the most dangerous of goods, has been given to man." (2016)

승효상 承孝相

1952년 부산 출생. 한국전쟁 때 이북에서 피난온 일곱 가구가 깊은 마당을 두고 모여 사는 집에서 어린 시절을 보냈다. 경남고등학교와 서울대학교 건축학과를 졸업, 1979년 동 대학원 건축학과에서 석사 학위를 수여했다. 1974-1980년 김수근의 '공간연구소'에서 일하면서 마산 양덕성당, 경동교회 등을 설계했다. 1980-1982년 오스트리아 빈 공과대학에서 수학했다. 귀국 후 1986-1989년 공간연구소 대표이사직을 역임했다. 1989년 건축사무소 이로 재履露齋를 개설, 1990년 한국 건축의 새로운 담론을 요구하는 젊은 건축가 14명의 모임인 '4.3 그룹'을 결성했다. 1994년 건축학도의 '총체적이고 근원적인 사고'의 함양을 위해 서울건축학교 설립에 참가했으며 1998년 북런던대학(현 런던 메트로폴리탄 대학) 객원교수를 역임, 서울대학교와 한국예술종합학교에서 가르친 바 있다. 1999년 파주출판도시 코디네이터로 새로운 도시 건설의 마스터플랜을 설계했다. 그는 20세기를 주도한 서구 문명에 대한 비판에서 출발한 '빈자의 미학'이라는 주제를 중심에 두고 치열히 작업해왔으며, 김수근문화상(1993), 한국건축문화대상(1993), 대한민국문화예술상(2007) 등을 수상했다. 2002년 미국건축가협회로부터 '명예 펠로십'을 수여받았으며, 건축가로는 최초로 국립현대미술관에서 주관하는 '올해의 작가'로 선정되어 「건축가 승효상」전을 가졌다. 세계적으로 알려진 그의 건축 작업은 현재 중국 내의 왕성한 활동을 포함해 아시아와 미국, 유럽 등에 걸쳐 있다. 2008년 베니스비엔날레 한국관 커미셔너, 2011년 광주디자인비엔날레 총감독, 2014-2016년 서울시 초대 총괄건축가를 역임했으며 2018년 문재인 정부의 국가건축정책위원회 위원장으로 위촉되었다. 저서로는 『빈자의 미학』(1996), 『지혜의 도시 지혜의 건축』(1999), 『건축, 사유의 기호』(2004), 『비움의 구축』(공저, 2005), 『건축이란 무엇인가』(공저, 2005), 『지문地文』(2009), 『노무현의 무덤-스스로 추방된 자들을 위한 풍경』(2010), 『오래된 것들은 다 아름답다』(2012), 『승효상 도큐먼트』(2015) 등이 있다. 2019년 9월, 유럽 등 세계 건축에 미친 영향을 인정받아 아시아인 최초로 오스트리아 정부로부터 '학술예술 1급 십자훈장'을 받았다.

Seung H-Sang

Born in 1952 in Busan, spent his childhood in a house where seven families, all refugees from North Korea during the Korean War, shared a courtyard with great depth. After attending Gyeongnam High School and Seoul National University, he received his master's degree from the latter in 1979. From 1974 to 1980 he worked for *Kim Swoogeun at Space Group* of Korea, where he designed projects such as *Yangdeok Catholic Church* in Masan and *Gyeongdong Church* in Seoul. From 1980 to 1982 he studied at Technische Universitat in Vienna. Upon returning to Korea, he acted as the CEO of *Space Group* for three years until 1989, at which point he established his own practice *Iroje Architects & Planners*. In the early 1990s he was a core member of *4.3 Group*, consisting of fourteen young architects who called for a new discourse in Korean architectural society, and took part in founding the Seoul School of Architecture in 1994 with aims to teach students 'comprehensive and fundamental ways of thinking'. He was an Honorary Visiting Professor at North London University(now London Metropolitan University) in 1998, and taught at Seoul National University and Korea National University of Arts. In 1999, he laid out the master plan for building a new city as the coordinator for *Paju Bookcity*. His works are based on 'Beauty of Poverty', his own critical response to Western culture that dominated the 20th century. He won numerous awards including *Kim Swoogeun Culture Award*(1993), *Korea Architecture Award*(1993), *Korea Award for Art and Culture*(2007). In 2002 the American Institute of Architects conferred on him the title of *Honorary Fellow of AIA*, and in the same year he was the first architect to be named *Artist of the Year* by the National Museum of Modern and Contemporary Art, Korea, where he held a grand solo exhibition. His world-renowned works are located across the globe, including the US, Europe, and Asia, especially China where he currently has many on-going projects. He was the commissioner of the Korean Pavilion at the 2008 Venice Biennale, the director of 2011 Gwangju Design Biennale, and served as the first City Architect of Seoul in 2014-2016. In 2018, he was appointed Chief Commissioner of the Presidential Commission on Architecture Policy of MOON Jae-in administration. His publications include *Beauty of Poverty*(1996), *City of Wisdom, Architecture of Wisdom*(1999), *Architecture, Signs of Thought*(2004), *Structuring Emptiness*(co-author, 2005), *What is Architecture?*(co-author, 2005), *Landscript*(2009), *Memorial for President Roh Muhyun: Landscape for Voluntary Exiles*(2010), *Old Things are All Beautiful*(2012), and *Seung H-Sang Document*(2015). The first Asian to ever receive Cross of Honour for Science and Art, First Class in 2019 from the Austrian government for his honorary contribution in the field of architecture throughout Europe and more.

건축 연보 Chronological List

[1975-1989 공간연구소·승효상] 1975 광복 30주년 기념 전시관, 서울 Commemorative Exhibition Hall, Seoul 1976 엑바탄 주거단지 프로그램, 이란 테헤란 Ekbatan Housing, Tehran, Iran | 종합전시장 계획, 서울 Korea National Convention Center Plan, Seoul 1977 양덕성당, 경상남도 마산 Yangdeok Catholic Church, Masan, Gyeongsangnam-do 1978 ICC 사옥 계획, 서울 Main Building for ICC, Project, Seoul | ICC 전시장 인테리어 설계, 서울 ICC Show Room Interior Design, Seoul 1979 국립청주박물관, 충청북도 청주 Cheongju National Museum, Cheongju, Chungcheongbuk-do 1980 경동교회, 서울 Kyungdong Presbyterian Church, Seoul | 국립경주박물관 분관, 경상북도 경주 Annex Building of Gyeongju National Museum, Gyeongju, Gyeongsangbuk-do 1981 도나우스타트 2000, 오스트리아 빈 Donaustadt 2000, Wien, Austria | 베써보넨, 오스트리아 린츠 Besser Wohnen, Linz, Austria | 국제경제센터, 오스트리아 빈 International Wirkschaft Zentrum, Wien, Austria | 미노리텐 광장, 오스트리아 빈 Minoriten Platz, Wien, Austria 1982 국립중앙박물관 기본계획, 서울 Korea National Musuem, Planning, Seoul | 서울대공원 마스터플랜, 경기도 과천 Seoul Grand Park Master Plan, Gwacheon, Gyeonggi-do | 서울대공원 종합안내소, 경기도 과천 Information Center for Seoul Grand Park, Gwacheon, Gyeonggi-do | 차병원, 서울 Cha Hospital, Seoul 1983 서울대학교 동창회관, 서울 Alumini Center for Seoul National University, Seoul | 구미문화회관, 경상북도 구미 Gumi Cultural Center, Gumi, Gyeongsangbuk-do 1984 주미 한국대사관저, 미국 워싱턴 Korea Ambassador's Residence, Washington DC, USA | 스퀘어 1661 계획, 미국 워싱턴 Multi Use Development 'Square 1661', Washington DC, USA | 서울법원청사, 서울 Seoul Court Complex, Seoul | 외신기자클럽 인테리어 설계, 서울 Foreign Correspondents Club Interior Design, Seoul 1985 방배동 S주택, 서울 Bangbae-dong S Residence, Seoul 1986 성북동 P주택, 서울 Seongbuk-dong P Residence, Seoul 1987 상록회관, 서울 Sangnok Center, Seoul | 눌원빌딩, 부산 Nulwon Building, Busan | 정릉 C주택, 서울 Jeongnung C Residence, Seoul 1988 국립민속박물관 개축, 서울 Renovation of National Folk Museum, Seoul | 서라벌 남포빌딩, 부산 SN Building, Busan | 변동 성당, 대전 Byon-dong Catholic Church, Daejeon 1989 서울법원 후생관, 서울 Welfare Center for Seoul Court Complex, Seoul | 도쿄포럼 계획, 일본 도쿄 Tokyo International Forum, Competition | 한국통신 디자인 지침 Design Guideline for Korea Telecom

[1990- 승효상·이로재 건축사무소] 1990 성북동 강사장댁, 서울 Seongbuk-dong Mr. Kang's Residence, Seoul | 성북동 주택 2제, 서울 Seongbuk-dong 2nd Residence, Seoul | 중앙프라자빌딩, 부산 Central Plaza Office Building, Busan | 나다 컨트리클럽 클럽하우스 계획, 경기도 안성 Clubhouse of Nada Country Club, Anseong, Gyeonggi-do* 1991 수양빌딩, 부산 Suyang Building, Busan | 실크리버 컨트리클럽 클럽하우스 계획, 충청북도 청주 Clubhouse of Silk River Country Club, Cheongju, Chungcheongbuk-do* 1992 영동제일병원, 서울 Youngdong Jeil Hospital, Seoul | 이문 291, 서울

E-Mun 291, Seoul | 수졸당, 서울 Sujoldang, Seoul | 1993 대학로 문화공간, 서울 Daehakro Culture Center, Seoul | 제일병원 불임연구센터, 서울 Infertility Research Center for Jeil Hospital, Seoul | 제일병원 외래센터 리노베이션, 서울 Jeil Hospital Outpatient Center Renovation, Seoul 1994 돌마루공소, 충청남도 당진 Dolmaru Catholic Church, Dangjin, Chungcheongnam-do 1995 순천향대학교 도서관, 충청남도 아산 Soonchunhyang University Library, Asan, Chungcheongnam-do | 순천향대학교병원 임상연구소, 서울 Soonchunhyang University Hospital Institute of Clinical, Seoul* | 율동법당 계획, 경상북도 경주 Yuldong Buddhist Temple, Gyeongju, Gyeongsangbuk-do* | 세리헌, 경기도 가평 Residence Serihun, Gapyeong, Gyeonggi-do 1996 윤산부인과 병원, 경기도 구리 Yoon Women's Hospital, Guri, Gyeonggi-do | 케이투(K2)빌딩, 서울 K2 Building, Seoul | 제이 산부인과 병원, 충청북도 청주 J Women's Hospital, Cheongju, Chungcheongbuk-do | 미즈메디병원, 서울 MizMedi Hospital, Seoul 1997 신동방본사 사옥, 서울 Shin Dong Bang Ltd., Headquarters, Seoul | 중곡동 성당, 서울 Joonggok-dong Catholic Church, Seoul | 백운감리교회, 서울 Baekwoon Methodist Church, Seoul | 현대고등학교 체육시설 계획, 서울 Sports Facility of Hyundai High School, Seoul* | 산본제일병원 본관, 경기도 군포 Sanbon Jeil Women's Hospital Main Building, Gunpo, Gyeonggi-do | 유시어터, 서울 Yoo Theater, Seoul 1998 수백당, 경기도 남양주 Subaekdang, Namyangju, Gyeonggi-do | 삼윤빌딩 리노베이션, 서울 Samyoon Building Renovation, Seoul 1999 안양대학교 강화캠퍼스 마스터플랜, 인천 Ghanghwa Campus for Anyang University Master Plan, Incheon | 파주출판도시, 경기도 파주 Paju Bookcity, Paju, Gyeonggi-do | 차의과학대학교 도서관, 경기도 포천 CHA University Library, Pocheon, Gyeonggi-do | 웰콤 시티, 서울 Welcomm City, Seoul | 삼세한방병원, 부산 Samse Oriental Medical Hospital, Busan | 세화병원, 부산 Saehwa Hospital, Busan 2000 한솔병원 리노베이션, 서울 Hansol Hospital Renovation, Seoul | 한국예술종합학교 마스터플랜, 서울 Korea National University of Arts Master Plan, Seoul | 성정빌딩, 경기도 수원 Sungjeong Building, Suwon, Gyeonggi-do | 샘터 파주사옥 계획, 경기도 파주 Samtoh Building in Paju Bookcity, Paju, Gyeonggi-do* 2001 대전대학교 혜화문학관, 대전 Hyehwa Culture Center of Daejeon University, Daejeon | 베이징 장성호텔 클럽하우스, 중국 베이징 바다링 Commune by the Great Wall, Badaling, Beijing, China | 보아오 캐널빌리지, 중국 하이난성 Boao Canal Village, Hainan Province, China | 차병원 증축, 서울 Cha Hospital Extension, Seoul* | 나리병원, 경기도 김포 Na & Lee Women's Hospital, Gimpo, Gyeonggi-do | 미래산부인과의원, 강원도 춘천 Mirae Women's Hospital, Chuncheon, Gangwon-do | 동광감리교회, 전라북도 익산 Dongkwang Methodist Church, Iksan, Jeollabuk-do 2002 휴맥스 빌리지, 경기도 성남 Humax Village, Seongnam, Gyeonggi-do | 삼표 사옥 인테리어, 서울 Sampyo Office Building Interior, Seoul | 쇳대박물관, 서울 Lock Museum, Seoul | 빈첸시오 클리닉, 경기도 부천 Vincentio Clinic, Bucheon, Gyeonggi-do | 노헌, 경기도 양평 Reed House, Yangpyeong, Gyeonggi-do | 룽화진 주택단지 계획, 중국 선전 Longhua Zhen Housing Plan, Shenzhen, China* | 베이징 물류항도시 마스터플랜, 중국 베이징 Logistic Harbor City Master Plan, Beijing, China | 풀무원 로하스아카데미, 충청북도 괴산 Pulmuone Lohas Academy, Goesan, Chungcheongbuk-do | 수눌당, 충청남도 아산 Sunuldang, Asan, Chungcheongnam-do | 제주 4.3 평화공원 계획, 제주도 The 4.3

Peace Park Plan, Jeju-do* 2003 닥터박 갤러리, 경기도 양평 Dr. Park Gallery, Yangpyeong, Gyeong-gi-do｜산본제일병원 별관, 경기도 군포 Annex Building of Sanbon Jeil Women's Hospital, Gunpo, Gyeonggi-do｜강동 미즈여성병원, 서울 Gangdong Miz Women's Hospital, Seoul｜엠-시티 마스터 플랜, 중국 베이징 M-City Master Plan, Beijing, China｜서초동 오피스빌딩, 서울 Seocho-dong Office Building, Seoul｜대전대학교 천안한방병원, 충청남도 천안 Cheonan Oriental Hospital of Daejeon University, Cheonan, Chungcheongnam-do 2004 강서 미즈메디병원 키즈센터, 서울 Kids Center of Gangseo MizMedi Hospital, Seoul｜동산교회, 경기도 안산 Dongsan Church, Ansan, Gyeonggi-do｜신사동 빌딩, 서울 Sinsa-dong Building, Seoul｜팔판동 주택, 서울 Palpan-dong Residence, Seoul｜아름다운가게 경기센터, 경기도 파주 The Beautiful Store Gyeonggi Center, Paju, Gyeonggi-do｜책 테마파크, 경기도 성남 Book Theme Park, Seongnam, Gyeonggi-do｜창덕궁 시설 정비 마스터플랜, 서울 Changduk Palace Redevelopment Master Plan, Seoul｜보오메꾸뜨르호텔, 제주도 Baume Couture Boutique Hotel, Jeju-do｜마해송 문학비, 경기도 파주 Monument for Mahaesong, Paju, Gyeonggi-do｜파주식당, 경기도 파주 Paju Bookcity Restaurant for Workers, Paju, Gyeonggi-do 2005 차오웨이 소호, 중국 베이징 Chaowai SOHO, Beijing, China｜베이징 장성호텔 이차, 중국 베이징 바다링 2nd Phase, Commune by the Great Wall, Badaling, Beijing, China｜향원감 리교회, 강원도 철원 Hyangwon Presbyterian Church, Cheorwon, Gangwon-do｜마라도 생태전시관 계획, 제주도 Marado Ecology Museum Master Plan, Jeju-do*｜국립아시아문화전당 국제설계경기, 광주 Asia Culture Center International Design Competition, Gwangju* 2006 대장골 주거단지 계획, 경기도 화성 Daejanggol New Town Master Plan, Hwaseong, Gyeonggi-do*｜디엠지 평화생명동산, 강원도 인제 DMZ Peace and Life Valley, Inje, Gangwon-do｜구덕교회, 부산 Guduk Presbyterian Church, Busan｜마리아병원, 서울 Maria Fertility Hospital, Seoul｜성만교회, 경기도 부천 Sungman Presbyterian Church, Bucheon, Gyeonggi-do｜은일고등학교, 서울 Eunil High School, Seoul｜화성역 사문화도시, 경기도 수원 Rejuvenation Design for Hwaseong Historical Cultural City, Suwon, Gyeonggi-do｜영등포구 공공디자인 시범사업, 서울 Yeongdeungpo-gu Main Street Design, Seoul｜양지주거단지 계획, 경기도 용인 Yangji Housing Town Master Plan, Yongin, Gyeonggi-do* 2007 조계종 전통불교문화원, 충청남도 공주 Traditional Buddhism Culture Center of Jogye Order, Gongju, Chungcheongnam-do｜교보파주센터, 경기도 파주 Kyobo Paju Center, Paju, Gyeonggi-do｜아티잔 사옥, 서울 Artisan Building, Seoul｜현대해상 명동사옥, 서울 Hyundai Marine and Fire Insurance Myeong-dong Office, Seoul｜라온채, 서울 Raonchae, Seoul｜페퍼베르크 박물관 계획, 독일 베를린 Pfefferberg Museum in Berlin, Germany*｜구겐하임 아부다비 비엔날레 파빌리온 17 계획, 아랍 에 미리트 아부다비 Pavilion No.17 of Guggenheim Abu Dhabi Biennale, Abu Dhabi, Arab Emirates*｜진 디 주상복합개발 계획, 중국 베이징 Jindi Sihui Mixed Use Development Master Plan, Beijing, China*｜웨이하이 주거단지 계획, 중국 웨이하이 Weihai Housing Complex Master Plan, Weihai, China*｜엘 끌레르, 서울 L Creer, Seoul｜판교자연장지 계획, 경기도 성남 Pankyo Natural Burial Park Master Plan, Seongnam, Gyeonggi-do*｜템플스테이 통합정보센터, 서울 Templestay Information Center, Seoul｜행정복합도시 중심행정타운 국제설계경기, 세종 International Master Plan Competition for

Multifunctional Administrative City, Sejong* | 헌인도시개발사업 계획, 서울 Heonin City Development Master Plan, Seoul* 2008 추사관, 제주도 Chusa Memorial Museum, Jeju-do | 베이징 첸먼다제 역사지구보존 재개발계획, 중국 베이징 Qianmendajie Historical Area Preservation and Regeneration Plan, Beijing, China* | 동탄제일병원, 경기도 화성 Dongtan Jeil Women's Hospital, Hwaseong, Gyeonggi-do | 지산 발트하우스 마스터플랜과 주택설계, 경기도 용인 Jisan Waldhaus Master Plan and Housing Design, Yongin, Gyeonggi-do | 제주평화대공원 마스터플랜, 제주도 Jeju Peace Memorial Park Master Plan, Jeju-do | 대전대학교 30주년 기념관, 대전 30th Anniversary Memorial Building of Daejeon University, Daejeon | 로스앤젤레스 콘도미니엄 계획, 미국 로스앤젤레스 L.A. Condominium Master Plan, Los Angeles, USA | 청주중앙순복음교회, 충청북도 청주 Cheongju Central Gospels Church, Cheongju, Chungcheongbuk-do* 2009 360도 지수화풍 골프클럽하우스, 경기도 여주 Earth, Water, Flower, Wind 360° Golf Clubhouse, Yeoju, Gyeonggi-do | 모헌, 대구 Moheon, Daegu | 우정, 대구 Woojeong, Daegu | 아르보 패르트 콘서트홀 설계경기, 에스토니아 탈린 Music Scape, Arvo Pärt Concert Hall International Design Competition, Tallinn, Estonia* | 신동엽 문학관, 충청남도 부여 Shin Dongyeop Literary Museum, Buyeo, Chungcheongnam-do | 사오싱 주거단지 마스터플랜, 중국 사오싱 Shaoxing Housing Complex Master Plan, Shaoxing, China | 센틀 D2 복합시설 계획, 말레이시아 쿠알라룸푸르 Sentul D2 Mixed Use Complex, Kuala Lumpur, Malaysia* | 한국과학기술연구원 연구동 환경개선 마스터플랜 및 L4연구동, 서울 Korea Institute of Science and Technology Master Plan and L4 Design, Seoul | 풍남학사, 서울 Pungnam Dormitory, Seoul | 청량리동 복합청사, 서울 Cheongyangni-dong Office and Community Center, Seoul | 경한사옥, 경상북도 경주 Kyunghan Office Building, Gyeongju, Gyeongsangbuk-do | 노무현 대통령 묘역, 경상남도 김해 Graveyard for President Roh Moohyun, Gimhae, Gyeongsangnam-do | 퇴촌주택, 경기도 광주 Toechon House, Gwangju, Gyeonggi-do 2010 제문헌, 광주 Jemunheon, Gwangju | 서교동 근린생활시설, 서울 Seogyo-dong Neighborhood Facility, Seoul | 제주 살아있는 미술관 계획, 제주도 Jeju Alive Park Master Plan, Jeju-do* | 경주대학교 외국어학관 계획, 경상북도 경주 Foreign Language Center of Gyeongju University, Gyeongju, Gyeongsangbuk-do* | 한국과학기술연구원 북문, 서울 North Gate of Korea Institute of Science and Technology, Seoul | 용인주택, 경기도 용인 Yongin Residence, Yongin, Gyeonggi-do | 오대산 자연학습장, 강원도 평창 Mt. Odae Natural Learning Park, Pyeongchang, Gangwon-do | 강서 미즈메디병원 신관, 서울 Gangseo MizMedi Hospital Annex Building, Seoul | 핑두역사문화지구 재개발계획, 중국 핑두 Pingdu Historic and Cultural Districts Redevelopment Plan, Pingdu, China* 2011 충칭 주거단지 마스터플랜, 중국 충칭 Chongqing Housing Complex Master Plan, Chongqing, China | 오스트리아 한인문화회관, 오스트리아 빈 Korean Cultural Center Austria, Wien, Austria | 푸른길 문화샘터, 광주 Ruined Steps and May Flower, Gwangju | 서울대학교 인문관, 서울 Humanities Hall of Seoul National University, Seoul | 롯데아트빌라스, 제주도 Lotte Art Villas, Jeju-do | 부여주택, 충청남도 부여 Buyeo Residence, Buyeo, Chungcheongnam-do | 차의과학대학교 기숙사, 경기도 포천 Dormitory of CHA University, Pocheon, Gyeonggi-do | 차의과학대학교 약학대학, 경기도 포천 College of Pharmacy of CHA University, Pocheon, Gyeonggi-do 2012 동숭교회 사택, 서울 Dongsoong Church's Residence, Seoul | 대구 약령시 상징문 계획, 대구 The Gate of Oriental Medicine Market, Daegu* | 양평 쇳대박물관 계획, 경기도 양평 Yang-pyeong Lock Museum, Yangpyeong, Gyeonggi-do* | 경주대학교 감포 연수원 계획, 경상북도 경주 Gampo Training Center of Gyeongju University, Gyeongju, Gyeongsangbuk-do* | 상월대, 서울 Sang-woldae, Seoul | 우제길미술관, 광주 Woo Jaeghil Art Museum, Gwangju | 청천교회 계획, 인천 Chun-gchun Church, Incheon* | 여미지 식물원 부속시설, 제주도 Supporting Facilities of Yeomiji Botanical Garden, Jeju-do | 천호동 산후조리원, 서울 Cheonho-dong Woman Care Center, Seoul | 대학로 가로 경관 마스터플랜, 서울 Daehakro Streetscape Master Plan, Seoul | 경산상례문화공원, 경상북도 경산 Gyeongsan Memorial Services Museum Master Plan, Gyeongsan, Gyeongsangbuk-do* | 핑두주택 문화관, 중국 핑두 Pingdu Housing Culture Center, Pingdu, China | 차의과학대학교 강의행정동, 경기도 포천 Lecture and Administration Hall of CHA University, Pocheon, Gyeonggi-do | 용산공원 설계 경기, 서울 Yongsan Park Master Plan, Seoul | 현암, 경상북도 군위 Hyunam, Gunwi, Gyeongsang-buk-do 2013 삼양화학 사옥, 서울 Office Building of Samyang Chemical Company, Seoul | 대구특수금속 세천 신공장, 대구 Daegu Specified Steel Sechun Factory, Daegu | 명필름 파주사옥, 경기도 파주 Myung Films Paju Building, Paju, Gyeonggi-do | 솔거미술관, 경상북도 경주 Solgeo Art Muse-um, Gyeongju, Gyeongsangbuk-do | 무주주택, 전라북도 무주 Muju Residence, Muju, Jeollabuk-do | 리움메디병원, 대전 Rium-Medi Hospital, Daejeon | 말리부주택, 미국 로스앤젤레스 Malibu House, Los Angeles, USA | 더 소스(The Source), 미국 로스앤젤레스 The Source Project, Los Angeles, USA | 황산 주거단지, 중국 황산 Huangshan Housing Complex, Huangshan, China | 타이위안 완커센터, 중국 타이위안 Taiyuan Wanke Center, Taiyuan, China 2014 디엠시(DMC) 복합쇼핑몰, 서울 DMC Multiple Shopping Complex, Seoul | 시안추모공원, 경기도 광주 Sian Memorial Park, Gwangju, Gyeonggi-do | 대전대학교 에이치알시(HRC), 대전 Hyehwa Residential College of Daejeon Univer-sity, Daejeon | 청고당, 경기도 성남 Cheonggodang, Seongnam, Gyeonggi-do | 사근재, 경기도 성남 Sageunjae, Seongnam, Gyeonggi-do | 논산주택, 충청남도 논산 Nonsan Residence, Nonsan, Chun-gcheongnam-do | 감천문화마을, 부산 The Tower of Pleasing Loneliness of Gamcheon Cultural Vil-lage, Busan | 경암교육문화재단 근린생활시설, 부산 Kyung Ahm Neighborhood Living Facility, Busan | 디자인비따, 경기도 파주 Design Vita Paju Office, Paju, Gyeonggi-do | 징더전 프로젝트, 중국 징더전 Jingdezhen Project, Jingdezhen, China 2015 적도기니 저택 계획, 적도기니 몽고모 Equatorial Guinea Residence, Mongomo, Equatorial Guinea | 명례성지, 경상남도 밀양 Myungrye Sa-cred Hill, Miryang, Gyeongsangnam-do | 톄산핑 주거단지계획, 중국 충칭 Tieshanping Housing Complex Master Plan, Chongqing, China | 유방 프로젝트, 중국 자싱 Youpon Project, Jiaxing, China 2016 볼보 전시장, 경기도 성남 Volvo Showroom, Seongnam, Gyeonggi-do | 염곡동 주택, 서울 Yeomgok-dong House, Seoul | 경암교육문화재단 사옥, 부산 Kyung Ahm Education and Culture Foundation, Busan | 명정, 경상북도 군위 Myeongjung, Gunwi, Gyeongsangbuk-do | 사담, 경상북도 군위 Sadam, Gunwi, Gyeongsangbuk-do | 남해명주생태섬 국제지명현상설계, 중국 하이난 Inter-national Competition for the South Sea Pearl Eco Island, Hainan, China *Unrealized Projects

옮긴이 Translator

배형민 서울시립대학교 건축학부 교수. MIT에서 박사학위를 받았으며 두 차례 풀브라이트 스콜라를 지냈다. 2008년과 2014년 베니스 비엔날레에서 한국관 큐레이터를, 2012년 본전시 작가를 역임했으며 2014년 최고 영예의 황금사자상을 수상했다. 광주디자인비엔날레 수석 큐레이터를 비롯하여 국제적인 전시의 초대 큐레이터를 여러 차례 지냈으며 2017년 서울도시건축비엔날레의 총감독이다. 대표 저서로 『Portfolio and the Diagram』 (MIT Press), 『한국건축개념사전』(2013), 『감각의 단면-승효상의 건축』(2007) 등이 있다.

Pai Hyungmin is a historian, critic, and curator, and a professor at the University of Seoul. He is a two-time Fulbright Scholar who received his Ph.D from MIT. At the Venice Biennale, he was twice curator for the Korean Pavilion and in 2014 was awarded the Golden Lion for Best National Pavilion. He was Head Curator for the 4th Gwangju Design Biennale, guest curator for numerous international exhibitions, and is presently Director of the inaugural Seoul Biennale of Architecture and Urbanism. He is author of The Portfolio and the Diagram, *The Key Concepts of Korean Architecture*(2013) and *Sensuous Plan: The Architecture of Seung H-Sang*(2007).

최원준 숭실대학교 건축학부에서 부교수로 건축사, 이론 및 설계를 가르치고 있다. 서울대학교 건축학과를 졸업하고 동 대학원에서 석사와 박사학위(건축역사 및 이론 전공)를 받았다. 건축가 승효상의 이로재에서 실무를 익혔으며, 뉴욕 컬럼비아 대학교 건축·계획·보전대학원 연구원으로 박사 후 연구를 진행하였다. 목천건축아카이브에서 한국 근현대건축 아카이브 구축 작업에 참여하고 있으며, 최근 공저로는 『젊은 건축가상 2013』(2013), 『한국건축개념사전』(2013), 『Convergent Flux』(2012) 등이 있다.

Choi Wonjoon teaches architectural history, theory and design as associate professor at Soongsil University. He graduated from Seoul National University and earned his master's degree and Ph.D. in architectural theory and history at the same school. He worked for architect Seung H-Sang at Iroje Architects&Planners, before pursuing his post-doctoral studies at the Graduate School of Architecture, Planning and Preservation, Columbia University, as a research scholar. He is currently taking part in a group effort to build an archive of Korean architecture at Mokchon Architecture Archive, and his recent co-authored publications include *Korean Young Architect Award 2013*(2013), *The Key Concepts of Korean Architecture*(2013) and *Convergent Flux*(2012).

사진 저작권 Photo Credits

빈자의 미학 Beauty of Poverty

2023년 2월 17일 초판 19쇄 발행
2016년 10월 13일 느린걸음 초판 발행
1996년 2월 22일 미건사 초판 발행

지은이 | 승효상
옮긴이 | 배형민, 최원준
편집 | 김예슬
제작 | 윤지혜
홍보 마케팅 | 이상훈

발행인 | 임소희
발행처 | 느린걸음
등록일 | 2002년 3월 15일 등록번호 | 제 300-2009-109호
주소 | 서울시 종로구 사직로8길 34, 330호
전화 | 02-733-3773 팩스 | 02-734-1976
이메일 | slow-walk@slow-walk.com
블로그 | http://slow-walk.com
인스타그램 | instagram.com/slow_walk_book